次世代型リーダーは
図解でチーム
を動かす

ダイアグラム思考

高野雄一
Yuichi Takano

SE
SHOEISHA

本書内容に関するお問い合わせについて

本書に関する正誤表、ご質問については、下記のWebページをご参照ください。

正誤表　　　　　　　　　https://www.shoeisha.co.jp/book/errata/
書籍に関するお問い合わせ　https://www.shoeisha.co.jp/book/qa/

インターネットをご利用でない場合は、FAXまたは郵便にて、下記にお問い合わせください。電話でのご質問は、お受けしておりません。

〒160-0006　東京都新宿区舟町5　（株）翔泳社　愛読者サービスセンター係
FAX番号　03-5362-3818

※ 本書に記載されたURL等は予告なく変更される場合があります。
※ 本書の出版にあたっては正確な記述につとめましたが、著者や出版社などのいずれも、本書の内容に対してなんらかの保証をするものではなく、内容やサンプルに基づくいかなる運用結果に関してもいっさいの責任を負いません。
※ 本書に記載されている会社名、製品名、サービス名はそれぞれ各社の商標および登録商標です。

はじめに

あなたは「リーダー」と聞いてどのようなイメージを持たれますか。

「リーダーになると仕事量と残業が増えるだけじゃないか」

「部下との人間関係で疲れるのでしょう」

「ぶっちゃけ、今の時代はリーダーって割に合わないよ」

これらのネガティブなイメージが「リーダーになりたいけど、なりたくない人」を量産しているのです。しかし、本当にリーダーにはネガティブな未来しか待ち受けていないのでしょうか。私はそうは思いません。世の中には次のような働き方をしているリーダーたちが大勢います。

- メンバーが自然に手伝ってくれるリーダー
- 自分のやりたいことに集中できるリーダー
- メンバーから存在価値を認識されているリーダー

本書では、このような新しいリーダー像である「次世代型リーダー」になるために最も効率的な方法をお伝えします。その方法とは、「あらゆるモノゴトを図によって考え、図によって伝える」ことです。

私は工業高校出身で、田舎の自動車部品工場でオイルまみれになりながら働いていた凡人です。しかし、「ダイアグラム思考」によって、今では東京理科大学オープンカレッジの講師を務めたり、慶應義塾大学で研究論文を書けるようになりました。さらに現在は、ヘルステックベンチャーの会社にて、ビジネスシーンの第一線で次世代型リーダーとして活躍しています。

「ダイアグラム思考」に特別な才能やセンスは必要ありません。

さあ、「リーダーになりたいけど、なりたくない」という考え方から抜け出し、次世代型リーダーへの第一歩を踏み出しましょう。

2023年12月吉日

執筆者

Contents

Chapter 4 / ダイアグラム思考のプロセス

Chapter 5 / 7つのビジュアルカテゴリ

Introduction

　夜中の23時。残業で疲れ切った私が帰ろうとすると、薄暗いオフィスに現れるゾンビのような影。

　「…お疲れ様、俺は明日の資料作りが終わるまで残ってくわ」

　ゾンビの正体は上司の課長でした。この課長は、いつも現場と幹部の間で常に忙しく走り回っていました。毎日終電まで残業して、目の下のクマがチャームポイントになっていました。

　誰しも、このようなリーダーにはなりたくないのです。

　一方で、**「時間を自由に使うことができるリーダー」** は存在します。それこそが「次世代型リーダー」です。

本当にリーダーは「損な役回り」なのか

　男女500人を対象にしたアンケートでは、60.6％の人が管理職への昇進を打診されたら「断る」と回答しました。いったいなぜでしょうか。

　同アンケート調査によると、リーダーになることに踏み切れない人の理由1位は「責任が重い」、2位は「仕事・残業が増える」、3位は「割に合わないと感じる」という結果でした。

　つまり、「リーダーになると自由に使える時間がなくなる」と思い込んでしまっているために、**「リーダーになりたいけど、なりたくない人」** が量産されてしまっているのです。

　実際に、20代後半〜30代前半のリーダー候補たちに話を聞いてみると次のような「古いリーダー像」を持っていることがわかりました。

- リーダーは、部下よりも多くの時間を働かなければならない
- リーダーは、部下のマネジメントで仕事が増える
- リーダーは、手間のかかる汚れ仕事を引き受けなければならない

このようなリーダーの自己犠牲の姿勢が目立ってしまい、昇格や昇給などの見返りと釣り合わないことから、「リーダーは自由な時間がなくなってしまう損な役回りだ」と判断されてしまうのです。

リーダー像を「次世代型リーダー」へアップデートする

小林紗綾氏はランサーズ株式会社で**「開発部のオカン」**と呼ばれているリーダーです。彼女のチームの特長は「トップダウンではなく、ボトムアップで動いてくれる」チームであることです。

> 66 （チームの魅力を聞かれて）みんな受け身ではなく、能動的に意見を出し合いながら話し合えるところです。インターンのチームメイトも自分の考えを積極的に伝えているほか、どうしたらもっと良くなるかをみんなが自分で考えられています。 99

彼女のチームでは、メンバーがそれぞれ能動的に動いてくれることから、相対的にリーダーの負荷は下がっていきます。

古いリーダーは自らが指揮を執って、細かくメンバーに情報伝達を徹底し、自らが火中の栗を拾う必要がありました。しかし、次世代型リーダーのチームは、メンバーがそれぞれ自分の意志で行動し、自動的に共通認識が構築されていき、メンバー全員が前のめりになって熱々の栗を拾いに行くことができるのです。

実は、「リーダーは損な役回りだ」と思い込んでしまっているリーダー候補こそが、本当に損をしてしまっています。「開発部のオカン」のような次世代型リーダーこそが、今求められているリーダーの形なのです。

今すぐに古いリーダーの価値観から抜け出して、次世代型リーダーへと考え方をアップデートしましょう。

次世代型リーダーの正体

「汗と血と涙を流して初めて一人前になれるんだよ」
飲み会でいつもこの話をする超体育会系の先輩社員がいました。彼は自ら

意味も必要もない仕事を増やし、毎日残業していました。そして、彼は、自分の言葉の通り、血尿を流すことになり退職してしまいました。

このような古いリーダーと次世代型リーダーの違いはどこからくるのでしょうか。

大阪大学人間科学部教授だった三隅二不二氏が提唱する**「PM理論」**を使うと、次の図のように説明できます。

図 0-1　リーダーのタイプ比較

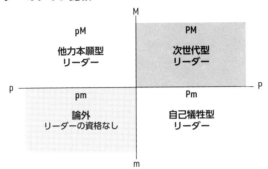

参考：三隅二不二 (1986)『リーダーシップの科学―指導力の科学的診断法』(講談社) を基に筆者加筆・作成
(各リーダーの名称は筆者による加筆)

横軸の「P－p」とは、Performanceの頭文字であり、リーダーの集団における目標達成や課題解決力を指します。具体的には、会議のファシリテーション能力や計画立案能力、メンバーに対して細かく指示を出す能力のことです。

縦軸の「M－m」とは、Maintenanceの頭文字であり、リーダーの集団を維持する力を指します。具体的には、常に円滑なコミュニケーションを心がける、冗談やユーモアを交えて会話する能力のことです。

この「P機能」と「M機能」の能力の大小によって、リーダーは4つに分類できます。

「pMタイプ」のリーダーは**「他力本願型」**のリーダーです。集団をまとめることには長けていますが、成果を挙げるにはグリップ力が足りないリーダーです。仕事が「仲良しごっこ」になりがちであり、目標を達成するためのプランニングや、プロジェクトマネジメントなどの業務が苦手です。

「Pmタイプ」のリーダーは**「自己犠牲型」**のリーダーです。緻密な計画

や進捗管理をすることには長けていますが、長期的なチームビルディングが苦手です。口うるさく指導するために、メンバーのモチベーションは低いことが多いです。プロジェクト推進の能力はあるので、最終的には仕事を全部自分で抱えて爆発してしまうこともあります。血尿の先輩は「Pmタイプのリーダー」だったのです。

そして、「PMタイプ」のリーダーが**「次世代型リーダー」**です。高い目標達成能力と集団維持能力を備えている、理想的なリーダーです。「PM」のリーダーがいるチームは高い成果を挙げるだけでなく、働きがいを感じやすいということが三隅教授の実験によって明らかにされています。「開発部のオカン」は「PMタイプのリーダー」だったのです。

次世代型リーダーは発信して自動化する

前田義和氏は、KDDIの史上最年少で管理職に抜擢されたリーダーです。彼は社内インタビューにて次のように語っています。

> 66 管理職を拝命した理由も私のビジョンが会社のビジョンにあっていたからと思い、グループのリーダーに就任した最初の部会で、「これからは通信だけでなくシステム構築も含めてやれるようなビジネスをやっていきたい」と言いました。 99

彼は、PM理論の「P機能」を高めることによって、自らのビジョンを創出し、「M機能」を高めることによって、メンバーを共感させていくことに成功したのです。「指示」は受動的なメンバーを生み出しますが、**「共感」は能動的なメンバーを生み出します。**

そして、リーダーに「共感」したメンバーは次々に行動を始め、成果を上げるための仕組みが「自動化」されていくのです。

若手のリーダーは経験が浅いことが多いので、「本当に責任を持てるのか」という疑問を投げかける人もいるのではないでしょうか。私もこれまでに、何度も同じような境遇に遭遇してきました。

しかし、メンバーから疑問を投げかけられる度に、中長期的なビジョンを発信しました。今では私の想いに共感してくれたメンバーが、能動的に行動

してくれることによって、仕組みが「自動化」し、私自身の稼働効率も格段に向上しました。

「それはあなただからできているのではないか？」と思う方もいるかもしれません。

それは違います。凡人の私が次世代型リーダーとして自分のやりたいことに集中できている理由は、才能や経験のおかげではありません。

それは、図解という魔法のようなツールと出会い、「ダイアグラム思考」を創案することで、「P機能」と「M機能」を飛躍的に高めることができたからです。

本書の流れ

この世界にダイアグラム思考によって図解できないモノゴトはありません。もちろん、本書の流れも図解することができます。次の図をご覧ください。

図 0-2　本書の目次ピラミッド

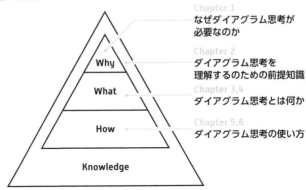

まず、Chapter 1では、次世代型リーダーに、なぜダイアグラム思考が必要なのか、「Why」をお伝えします。従来のリーダー像と、次世代型リーダーは何が違うのか、次世代型リーダーにはどのようなスキルが必要なのかをイメージすることができます。

Chapter 2では、ダイアグラム思考を身につける前に知っておくべき前提知識となる「Knowledge」をお伝えします。前提知識を得ることで、Why、What、How全体の理解を深めることにも役立ちます。

続く Chapter 3と Chapter 4では、ダイアグラム思考とは何か、「What」を
お伝えします。ダイアグラム思考の基本概念やメリットだけでなく、ダイア
グラム思考によって習得できるスキルの具体的なイメージが得られます。

　そして、Chapter 5と Chapter 6では、ダイアグラム思考をどのように使い
こなせばよいのか、「How」をお伝えします。ダイアグラム思考を駆使して
実際に図を描いてみることで、実践的な行動まで移せるように落とし込みま
す。

1 / なぜダイアグラム思考が必要なのか

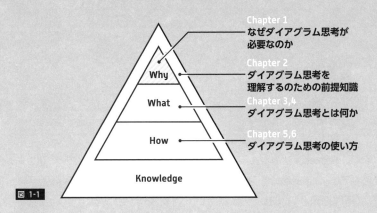

図 1-1

　世界を席巻するIT企業群「GAFA」のラリー・ペイジ、スティーブ・ジョブズ、マーク・ザッカーバーグ、そしてジェフ・ベゾスはいずれもPMタイプの次世代型リーダーです。

　彼らに共通していることが1つあります。それは、全員が「図解」の愛用者であったということです。

　なぜ次世代型リーダーに「ダイアグラム思考」が必要なのか。

　本章では、図解と次世代型リーダーの関係性を紹介していきます。

次世代型リーダーになる ためには「図解」が必要

Apple社のスティーブ・ジョブズには、次のような逸話があります。

> 66 マーカーを手にするとホワイトボードのところへ行き、大きく「田」の字を描く。「我々が必要とするのはこれだけだ」そう言いながら、マス目の上には「消費者」「プロ」、左側には「デスクトップ」「ポータブル」と書き込む。各分野ごとに1つずつ、合計4種類のすごい製品を作れ、それが君たちの仕事だとジョブズは宣言した。 99

また、Amazon社のジェフ・ベゾスは「地球で最もお客様を大切にする企業になる」という使命を常に掲げています。この使命は、顧客に焦点を当てた、「善の循環」コンセプトに基づいて構築されています。

図 1-2 「善の循環」コンセプト図

出典：AWSHP
https://aws.amazon.com/jp/blogs/news/
new-lower-cost-amd-powered-ec2-instances/

この無駄のない美しいコンセプト図は創業者のジェフ・ベゾスがとあるレストランの紙ナプキンに描いたとされており、今でもAmazonのWebページに掲載され続けています。ラリー・ペイジやマーク・ザッカーバーグにも図解によってアイデアを膨らませ、図解によって伝えることをしていた逸話が数多く残されています。

ではなぜ、偉大なリーダーたちは「図解」で考え、「図解」で伝え続けたのでしょうか。それは、彼らが「図解が持つ3つの力」を知っていたからなのです。

図解が持つ3つの力

「図解」には次の3つの力があります。

1. **モノゴトを多視点から観察する力**
2. **モノゴトを構造化してシンプルにする力**
3. **モノゴトを可視化して共有する力**

　人工衛星、人間システムデザイン、ヒューマンインターフェース、コミュニティデザイン、モデルベース開発……慶應義塾大学大学院システムデザイン・マネジメント研究科（以下、慶應SDM）には、それぞれの専門分野で功績を残している「超」がつくほどのエリートリーダーが揃っています。しかし、教員たちは、自分ひとりでは巨大な社会問題を解決できないことを知っています。

　そこで、慶應SDMでは、大規模かつ複雑な問題を解決できる「次世代型リーダー」を研究と教育を通じて育成することに注力しています。「次世代型リーダー」は、専門分野に特化したリーダーではなく、複数の専門家の知見を集め、集合知を導き出すことができるPMタイプのリーダーを指すのです。

　慶應SDMでは、モデルベースシステムズエンジニアリングなどの講義を通して、「図を描いてモノゴトを多視点から構造化して可視化する」というキーワードを徹底的に教え込まれます。このキーワードこそがP機能とM機能を圧倒的に高めるために重要な要素となるのです。

　次世代型リーダーと図解の関係をまとめると、次の図に示す関係にあることがわかります。

図 1-3　次世代型リーダーと図解の関係

図解　→　多視点から構造化して可視化する　→　P機能 M機能　→　次世代型リーダー

すると　　　　身につく　　　　　　向上する　　　なることができる

図解はあらゆるモノゴトを「多視点から構造化して可視化」する

　「現代マーケティングの父」と呼ばれるフィリップ・コトラーは激怒していました。

　彼は、1931年にイリノイ州シカゴで生まれ、貧富格差が開き治安の悪化する環境を直視したことで、怒りが沸き上がり、やがて「世の中を良いものへと変えていきたい」と考えるようになりました。

　そして、彼は世界の複雑な問題と、それら要素のつながりを図解するという行動によって世界を変えようとしました。それが「厄介な問題のエコシステム（The Ecosystem of Wicked Problems）」と呼ばれる図です。

　この図は、世界の重要な問題を、「多視点から構造化して可視化」した結果です。貧困、環境問題、戦争、教育不足などの漠然とした問題たちが、実は相互関係を持ってつながっていることが、誰でも手に取るように理解できます。

　複雑性が高く、どこから手を付ければよいのかわからないような問題でも、図解によって「多視点から構造化して可視化する」ことで、宙ぶらりんだったロジックを明確にし、どこに何を集中すべきが見えてくるのです。

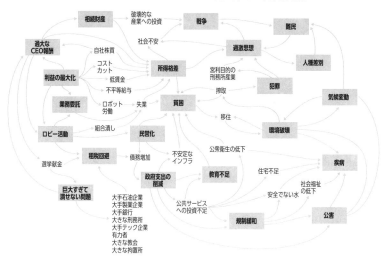

図 1-4 厄介な問題のエコシステム

出展：Christian Sarkar, Philip Kotler (2018)『Brand Activism: From Purpose to Action (English Edition)』(IDEA BITE PRESS; 2nd edition) を基に筆者邦訳・作成

この「多視点から構造化して可視化する」スキルは、次の図に示すような関係になっています。

図 1-5 次世代型リーダーに必要な3つのスキル

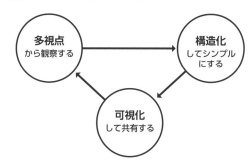

モノゴトを
多視点から観察する力

全体俯瞰する「鳥の目」、潮流の変化を読み取る「魚の目」、タイミングを見逃さない「獣の目」、細かい現場を把握する「虫の目」など、ビジネスにはさまざまな「目」が求められます。

つまり、次世代型リーダーには**「モノゴトを多視点から観察する力」**が必要だと言えます。

今、次世代型リーダーに求められるのは、問題解決能力ではなく、「問題設定能力」です。現代のビジネスシーンでは、過去のベンチマークを検索し、ベターな回答を最短で出すような問題解決能力は重視されません。高性能コンピューターやAIの台頭により、問題解決能力そのものの重要性は失われつつあります。

問題設定能力を高めるためには、「問題の本質」を見極める必要があります。そのために、必要なスキルが「モノゴトを多視点から観察する力」なのです。

視座・視野・視点

「視座」「視野」「視点」、この3つの目の違いを説明できますか。

複雑な問題の本質を発見するために必要な目は、「高い視座」、「広い視野」、「複数の視点」の3つの目です。どのような問題が存在しているのか、どのように関わりあっているのか、どのような切り口で取り組むべきなのか、これらの本質を3つの目を通して考えることで、問題設定能力を高められます。

非ダイアグラム思考の人は、目の前の出来事しか観察しないクセがついているので、視座が低くなりがちです。視座が低くなると、視野は狭くなり、視点の数が奪われていきます。視座が低い状態では、自分の思い込みの世界でしかモノゴトを捉えられなくなってしまいます。

一方、ダイアグラム思考の人は次の図のようにモノゴトを高い視座から俯瞰できるようになります。

図 1-6 視座・視野・視点の関係

非ダイアグラム思考の人　　　ダイアグラム思考の人

目の前のタスクに没頭してしまっているときこそ、対象を図解しましょう。**図解することで、視座を高く、視野を広く、複数の視点を持てるようになります。**

さらに、ダイアグラム思考によって情報を俯瞰することで、自分が想像もしなかったような視点や切り口が存在していることに気が付けるようになります。

バイアスは多様な視点を取り込むことで解消できる

個別の事象にとらわれてしまい、全体像を見ないということが、いかに大きな誤りであるかを、1頭の象が教えてくれます。

インド発祥の「群盲、象をなでる」という寓話では、次の図のように目の見えない人たちがそれぞれ、象の体の一部を触って、あれやこれやと意見を出しています。しかし、鼻を触りながら「これはホースだ」、しっぽを触りながら「これはロープだ」など、勘違いした意見を述べてしまっています。

図 1-7 群盲、象をなでる

　この寓話から得られる教訓は、「**一部の事象しか見ずに全体は語れない**」ということです。

　1つの視点に固執しすぎると、象の耳を触ってうちわだと決めつけたり、胴体を触って壁であると思い込んでしまいます。これこそがバイアスなのです。

　ひとりの視点や知識に頼らず、多様な人々の視点を取り入れられる人が次世代型リーダーなのです。そのためには、図解を多用したコミュニケーションがキーとなるのです。

次世代型リーダーは木を見て森も見る

　私は会社の共有スペースでコーヒーを飲みながら仕事をしていました。

　すると、突然とある営業から泣きそうな声で電話がかかってきました。

　「髙野さん、これから相談にお伺いしてもいいですか？」

　彼とは、これまでに数回案件をともにしてきた仲でしたが、急に電話をかけて会いに来たいと言われたのは初めてのことでした。これはただ事ではないなと思い、すぐにアポを入れてもらいました。

　早速、顔を合わせてみると、普段は自信たっぷりで愛嬌を振りまいている営業マンという感じの彼が、生まれたての子猫のようなウルウルした瞳で語り出しました。

　「担当している顧客のシステム開発が想定よりかなり大規模になってしまって、自分の手に負えなくなってしまったので助けてほしいのです」

当初は営業支援ツール開発のみのコンパクトな案件でしたが、ヒアリングを重ねるうちに、さまざまな部署からたくさんの要望が出てきてしまったそうです。

　もはや、その担当営業だけでは「顧客の要求の発信元がわからない」「どこかに認識のズレがあるに違いない」など不安だらけで整理しきれなくなってしまいました。そこで、以前にも彼のコンサルタント支援をしたことのある私に白羽の矢が立ったわけです。

　この時点での彼は**「木を見て、森を見ず」**の状態にありました。

　そこで早速、私は図解によって要件をわかりやすく整理してみようと営業に提案しました。そこから私たちは一緒にホワイトボードに向かい、徹底的かつ綿密な図を次々と描いていきました。

　ガントチャート、ロジックツリー、フィッシュボーンダイアグラム、機能遷移図、組織図、フローチャートなどの図を、幾度も議論を交わして顧客へのヒアリングを重ねながら完成させていきました。その図を顧客、開発チームと共有することで、案件の方向性がまとまり始めました。

　ゴールが明確になることで、要件定義から開発へとスムーズに進み、プロジェクトに期待以上の成果をもたらすことができました。

　このように、**図解は全体像を俯瞰できるだけでなく、モノゴトの詳細を明らかにするためにも重要なツールです。**まさに、「木を見て森も見る」ことができる思考法です。次世代型リーダーは全体を俯瞰しつつ、細部を観察できなくてはならないのです。

モノゴトを構造化して
シンプルにする力

　総務省の情報通信統計データベースによると「1日のピークトラフィックの月平均」、つまりインターネットに散らばっている情報量は10年前と比較すると約20倍に増加しているそうです。

　よりスピード感が増していくビジネスシーンに対応するためには、それらの情報から無駄な枝葉を切り落として、本質のみをインプットする必要があります。

　そこで重要になるのが**「モノゴトを構造化してシンプルにする力」**です。

　構造化とは、モノゴトを要素に分け、要素間の関係を整理することです。多忙なリーダーには、膨大な情報から必要な情報を効率的に抽出することが求められています。

　これは情報のインプットだけではなく、アウトプットについても同様です。次世代型リーダーは、いかに無駄な情報をそぎ落として、メンバーにモノゴトの本質をシンプルに伝えられるかどうかがコミュニケーションの鍵となります。

　モノゴトをシンプルにするヒントは、「構造化」です。

　次世代型リーダーになれるかどうかの秘訣は、**「モノゴトを要素に分け、要素間の関係を整理する」**ことにあるのです。

ゲータレードと構造化

　1967年、米国内陸部の最強を決めるアメリカンフットボールの大会「オレンジボウル」でジョージア工科大学のコーチが、フロリダ大学に負けた理由をこのように語っています。

> ❝ 我々はゲータレードを飲んでいなかったからね。❞

　ゲータレードはポカリスエットやアクエリアスのように、選手が激しい運

動によって失う水分と電解質を素早く補給するための飲料水として開発され、長年にわたって世界中のアスリートたちに愛されているスポーツ飲料水です。

偉大なゲータレードは、意外な開発ルーツを持っています。

1960年代、南アジアでコレラが大流行した際、東パキスタン（現バングラデシュ）では多くの人々が命を失いました。原因は、適切な給水や衛生状態が整備されていなかったことによる感染症でした。

WHOが現地に赴き、調査を開始すると、意外な方法で下痢を止められることが明らかになりました。それは、ココナッツやニンジンの絞り汁、米のとぎ汁などを配合した飲料を患者に飲ませるという民間療法だったのです。

その事実を知った、当時のゲータレードの最高科学責任者は、脱水症状の患者がその方法で素早く水分を補給できるならば、アメフト選手にも適用できるだろうと考えたのでした。

このエピソードは、事例をシンプルに構造化することの極めて重要な役割を示しています。

例えば、「野菜の絞り汁を別の患者向けに横展開する」という具体例だけで思考を停止してしまうと、企画は通らなかったでしょう。

ここで、ゲータレードの科学者たちが優秀だったのは、「脱水症状の人へ塩分に炭水化物と糖を加えた水分を与えると急速に吸収される」という事実に、構造化したことです。

図 1-8　ゲータレードはどうやって生まれたのか

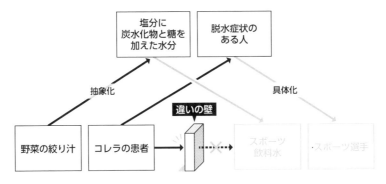

参考：ビジャイ・ゴビンダラジャン,クリス・トリンブル (2012)
『リバース・イノベーション―新興国の名もない企業が世界市場を支配するとき』(ダイヤモンド社) を基に筆者作成

そして一度上げた抽象度を「スポーツ飲料水」「スポーツ選手」という具

体に落とすことで、ゲータレードが誕生したのです。

横展開の成功は構造化で決まる

　ゲータレードの成功事例をさらに抽象化してみましょう。

　例えば、上司から「A社への提案が成功したから、B社にも横展開してくれ」との指示があったとします。しかし、A社での成功事例を、そのままそっくり真似してB社に提案しても、うまくいく確率のほうが低いでしょう。

　なぜならば、次の図に示すように、A社とB社の間には**目に見えない「違いの壁」**が立ちはだかっているからです。

図 1-9　横展開は上げてから落とす

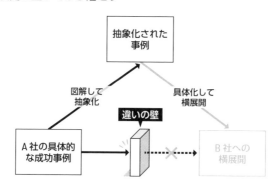

　この目に見えない壁は図解によって一度、抽象度を高めてから、もう一度具体に落とすことで横展開できるようになります。

　重要なのは、A社の成功事例から、何が良いポイントだったのか、何が顧客にとってメリットだったのかを要素に分けて構造化し、抽象度を上げることです。そこで初めてB社にも応用できるようになるのです。

文章の構造化

　「スキルが高い中途社員を採用する人事」。

　この文章を読んで、ほとんどの方が「パターンA」を想定すると思います。しかし、人によっては「パターンB」のような想定をする場合もあります。

図1-10 文章も構造化できる

パターンA

スキルが高い 中途社員 を採用する 人事

採用 ▶

人事　中途社員
ハイスキル

パターンB

スキルが高い 中途社員 を採用する 人事

採用 ▶

人事　中途社員
ハイスキル

　このように、文章だけのコミュニケーションは、認識のズレが発生してしまう恐れがあります。

　この文章を要素に分けると「スキルが高い」「中途社員を」「採用する」「人事」の4つのパーツで構成されていることがわかります。この4つのパーツの組み合わせ方次第で、聴き手の認識は変化するのです。

　非ダイアグラム思考の人は、文章を文章のまま伝えようとします。当たり前のことに聞こえるかもしれませんが、次世代型リーダーとしては不合格です。実は、文章だけの情報、特に日本語というのはたくさんの認識のズレを招く温床であるのです。

　一方、ダイアグラム思考で考える次世代型リーダーたちは文章を図解して「シンプルに構造化」することを習慣化しています。

モノゴトを可視化して共有する力

あるとき、5時間にもおよぶ超会議に参加したことがありました。

社内でのマーケティング戦略の意見が真っ二つに割れてしまい、両陣営ともに激しい議論が交わされました。メンバー同士もかなりヒートアップしていました。夜も更けた頃にようやく議論が終わり、すべてを出し尽くしたメンバーたちもどこか満足気になっていました。

そして最後に、あるメンバーが言いました。

「で、何が決まったんだっけ？」

空中戦は図解で回避する

危険な会議を救出するのは**「小学生レベル」のラクガキ**なのです。

議論はただ話し合えばいいのではなく、ゴールを設定し、ネクストアクションについて、参加者全員が共通の認識を作るための時間です。やみくもに議論を交わす、言葉だけの空虚な議論は空中戦と呼ばれます。

議論が空中戦になると、論点がズレてしまい、時間ばかりが過ぎていきます。そして、最後に自己満足だけが残る「何が決まったのかわからない会議」になってしまうのです。

このような混乱状態を避けるためには、ダイアグラム思考によって**「モノゴトを可視化して共有する」**ことが重要です。議論の内容や進捗を可視化することで、常に参加者の論点を一点に定めながら会議を進めることができます。具体的にはホワイトボードに図を描きながら進めるという方法があります。

しかし、「会議しながらリアルタイムで図を描くなんて難しい」と思われる方もいるかもしれません。でも大丈夫、安心してください。

このときの図は恐ろしいくらいに汚くてもかまいません。どれくらい汚くていいかというと、小学校低学年の児童が描いたラクガキくらい汚くてゴチャゴチャしてよいのです。

とにかく空中戦にならないように、参加者の論点を合わせるための可視化

なので、おおよその骨格さえ見える化できていれば合格です。汚い図解は大歓迎です。

可視化のインパクトは国を動かす

　イギリスの看護師のフロレンス・ナイチンゲールは、「近代看護教育の生みの親」と呼ばれています。

　しかし、彼女が図解のスペシャリストでもあったことは、日本ではあまり知られていません。

　彼女は1854年に、イギリス政府によってクリミア戦争の野戦病院に派遣され、看護師団のリーダーとして看護活動に励みました。この話は有名な話ですが、彼女の真の功績は、ある方法で傷病兵の死亡率を劇的に引き下げたことです。

　そのある方法とは、**「図解による可視化」**です。イギリス軍の戦死者・傷病者に関する膨大なデータを分析し、彼らの多くが戦闘で受けた傷ではなく、傷を負ったあとの治療や病院の衛生状態が十分でないことが原因で死亡したことを図解によって明らかにしたのです。

　彼女が取りまとめた報告は、当時としては最新の可視化の技術であった円グラフを用いて、視覚に訴える図としてまとめました。次の図は「鶏のとさか」と呼ばれる円グラフであり、彼女によって考え出されたものです。

図1-11 ナイチンゲールの鶏頭図

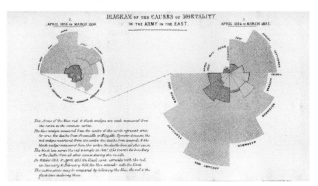

出典：Wikimedia Commons
https://commons.wikimedia.org/wiki/File:Nightingale-mortality.jpg?uselang=ja

031

このインパクトの大きい図により、イギリス議会の重い腰をあげさせることに成功しました。

　このような活躍が認められ、彼女は1859年に女性として初めてイギリス王立統計協会の女性会員に選ばれ、1875年には米国統計学会のリーダーとして、名誉会員にもなっています。図解は国を動かすパワーを秘めているのです。

抽象度は図解でコントロールする

　「私たちのパーパスは、社会にクリエイティブなイノベーションを起こすことで、人々の幸せを実現することです」

　これでは、この会社が何を伝えたいのかわかりません。

　抽象度が高いために、人々の理解を得にくい代表例として、企業が掲げるパーパス（Purpose）があります。パーパスとは、近年大企業を中心に取り入れられている、企業や組織の存在意義を示す表現です。

　しかし、パーパスは、高すぎる抽象度ゆえに企業の真意をステークホルダーにストレートに届けられないこともしばしばあります。そんなモヤっとしたパーパスを図解によって可視化することで、企業がユーザーやステークホルダーから共感を得た事例を紹介しましょう。

　世界最大級の消費財メーカーであるユニリーバは長らく続く業績不振に苦しんでいました。そのような過酷な状況の中、2009年に就任したポール・ポールマンは、ユニリーバという老舗の大企業を内側から改革することで、環境貢献する企業として生まれ変わらせるという方針を決定しました。

　そこで、彼は2010年にサステナビリティの方針を言語化した「Unilever Sustainable Living Plan」というパーパスを策定しました。

　新しいパーパスの内容は、「環境負荷を減らし、社会貢献しながら、ビジネス成長を目指す事業戦略」というものでした。一部の投資家にとってはネガティブなインパクトのあるメッセージも含まれていたため、一時株価は8％も下落してしまいました。

　ここで、ポールマンは、**「パーパスを図解する」**ことにしました。

　すると、可視化されたパーパスは、ユーザーや投資家の共感を徐々に集め始め、2018年にはフランスのカンヌにて、世界にポジティブな変革をもた

らした個人や団体に与えられる「LionHeartアワード」を受賞しました。

　ポールマンの大改革は最終的な結果として、ユニリーバの一株あたりの利益は約3倍に成長できました。そして、10年以上ユニリーバを率いたポールマンの経営思想はアラン・ヨーペ、そして現CEOで新たなリーダーであるハイン・シューマッハーへと引き継がれています。ユニリーバジャパンのHPには、「ユニリーバ・コンパス」として、今でも次の図に示すパーパスが掲載されています。

図1-12 ユニリーバのパーパス

出典：ユニリーバジャパンHP
https://www.unilever.co.jp/files/925e6b8d-ad31-4a60-a5cf-4d5ffb6bee0f/jp-new-unilever-compass-pdf.pdf

　パーパスを図解することにより、周囲のステークホルダーだけでなく、従業員のマインドセットも大きく変革したと言います。ユニリーバの社員は自分の仕事が社会貢献していることを確信し、高いモチベーションを維持しているとのことです。

　このように、図解はどんなに抽象度の高いモノゴトでも可視化できます。さらにメッセージを可視化することで人々の共感を集め、さまざまなアクションを促進できるのです。

　社員や顧客の「共感」を集める行動は次世代型リーダーにとって、図解による「可視化」は重要なアクションなのです。

3つのスキルの関係性

　コンサルタント時代に、可視化することが得意な元デザイナーの同僚がいました。

　しかし、彼女はバイアスが強いために、顧客視点ではなく、自分視点で考えてしまうことが多めでした。さらに、構造化も苦手なので、要素のありのままを可視化してしまうクセが付いていました。

　そして、彼女はせっかくの可視化の特技を活かせずに、コンサルタント部署を去っていきました。

　「多視点から構造化して可視化する」スキルは、三位一体の相互関係で成り立っているスキルです。

　じゃんけんが「グー・チョキ・パー」のどれか1つでも欠けてしまったらゲームが成り立たないように、「多視点から構造化して可視化する」スキルもどれか1つだけを極めても意味がありません。

　ですが、ご安心ください。ダイアグラム思考を使いこなせれば、この3つのスキルをバランスよく習得できます。

図1-13　3つのスキルの関係

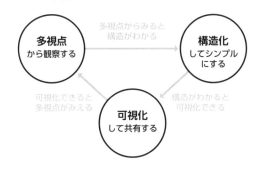

　18歳の夏、私は地元の自動車部品工場のエアコンが壊れた小部屋で立たされながら怒られていました。当時、金型事業部という、高温でドロドロに溶けたプラスチックの樹脂を、製品の形に固めるための金属製の型を製造・管理する部署で私は働いていました。

　金型を作るためには設計図が必要です。また、金型のメンテナンスをするためには、バラバラにした後、もう一度組み直さなければなりません。そのため、金型の構造を知るために「設計図」が必要になります。

　そこで、先輩に金型の設計図の読み方を教えてもらいました。それが「第三角法」です。第三角法は建築や機械設計に用いられる設計図法で、三面図という図を描くことで立体の構造をあらわしていきます。三面図とは、三次元の物体を二次元の紙面上に平面投影し、正確な構造を描写するための図法です。

　三面図では正面図、上面図、側面図の3つの視点から対象物を描写することで、対象物の構造を全体から明らかにします。

例 1-14 三面図は多視点から立体を観察する

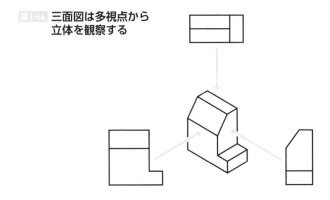

「図面なんてなくても金型くらい組み上げられますよ」

　そう言って高を括っていた髙野青年ですが、実際にやってみると、設計図に書いていない組み合わせをしてしまい金型のパーツが「バキッ」っと音を立てて折れてしまいました。結果、めちゃくちゃに怒られてしまいました。

　三面図のどれか1つの視点だけでも欠けていると、金型を作ることはでき

ません。つまり、「モノゴトを多視点から観察する」ということは、三面図の視点にように構造の欠陥や見落としを防ぐ効果があるのです。

非ダイアグラム思考の人は、モノゴトを1つの視点から観察することに慣れてしまっています。

さらに、厄介なのは、自分が1つの視点に縛られてしまっていることに気が付かないことです。あらゆるモノゴトは多視点から観察しなければ、構造を明らかにすることはできません。もし、1つの視点からしか観察していないのに、構造がわかった気になってしまったならば、その構造には見落としや誤解があると思ったほうがよいでしょう。

次世代型リーダーにとって、図解は仕事を正しく導くための「設計図」となるのです。モノゴトを図解して、複数の視点を取り入れるクセをつけましょう。

構造がわかると可視化できる

「卵の中身を図解してください」。

突然そう言われて、すぐに描ける人は少ないでしょう。

しかし、次のように、あらかじめ卵の内部の構造に関する情報を知っていたらどうでしょうか。

- カラザはラテブラから伸びている
- ラテブラは卵の中心に位置している
- 胚はラテブラの核となる
- 気室は殻の下部にある空間である
- 殻は最も外側で全体を守る

このように要素と要素間の関係を知っていれば、次の図のようにある程度、卵の中身の図が描けるようになります。

図1-15 卵の構造を知っていれば可視化できる

カラザ ────── ラテブラから伸びている
ラテブラ ───── 中心に位置している
胚 ──────── ラテブラの核となる
気室 ─────── 殻の下部にある空間
殻 ──────── 最も外側で全体を守る

カラザ
ラテブラ
胚
殻
気室

　政治からサブカルチャーまでの情報発信を手掛ける企画ユニット『PLANETS』の編集長であり、批評家の宇野常寛氏もダイアグラム思考の使い手です。

　ポピュリズムの台頭に警鐘を鳴らし、個人がゆっくり考える場と時間の構築を訴えた著書『遅いインターネット』の中で、私たちの心を動かす文化をマトリクス図で4つのカテゴリに分類して解説しています。

　列に日常－非日常を、行に他人の物語－自分の物語という項をプロットしています。

- ●非日常×他人の物語を映画の象限（例：劇映画、ニュース映画）
- ●日常×他人の物語をテレビの象限（例：テレビ、動画ストリーミング）
- ●非日常×自分の物語を祝祭の象限（例：ライブエンタメ×SNS）
- ●日常×自分の物語を生活の象限（例：ヨガ、ポケモンGO）

図1-16 私たちの心を動かす文化の構造　参考：宇野常寛 (2020)『遅いインターネット』（NewsPicks Book）を基に筆者作成

	日常	非日常
他人の物語	テレビ 動画ストリーミング	劇映画 ニュース映画
自分の物語	ヨガ ポケモンGO	ライブエンタメ × SNS

　このように、**自分の頭の中にある複雑なメッセージでも、構造化さえできていればわかりやすく可視化することが可能になります。**おそらく、彼の考え方を言葉だけで伝えようとすると、認識のズレが発生してしまい、正確に

伝えられなかったでしょう。

あらゆるモノゴトを図解して**「構造化することで可視化する」**ことができれば、その後は可視化された図をメンバーが参照するだけで、誰でも対象のモノゴトの本質が見えるようになります。

構造さえ見えるようになれば、事例を展開することもできますし、その構造を参照しながら、どの要素についての議論をするのか、あるいは全体を俯瞰しながら議論をするのか、共通認識を作り上げることが可能になります。

図を描くという行為は、単純な可視化のためだけではありません。次世代型リーダーが、あらゆるモノゴトの「構造をメンバー全員に共感してもらう」ためにも、図を描くのです。

可視化すると多視点が見えてくる

「OSORO」という実用性と意匠性を兼ね備えた食器があります。OSOROはそのコンセプトが高く評価され、国内外のデザインアワードを多数受賞しています。

手掛けたのは、エムテド代表取締役であり、慶應義塾大学大学院の特任教授でもある、田子學氏です。彼はデザインを経営の根幹に据えた手法である「デザインマネジメント」の実践者です。

OSOROの開発エピソードを覗いてみると、「可視化して多視点が見える」ように意図的に計画されていたことがわかります。

次の図は、食器にまつわる一日を時間軸で図解した図です。

図1-17 **可視化すると「多視点」が見えてくる**

参考：田子學, 田子裕子, 橋口寛 (2014)『デザインマネジメント』(日経BP) を基に筆者作成

食器の利用シーンを想像してみてください。パッと思い浮かぶのは食卓に

置かれているシーンではないでしょうか。OSOROでは、食器の使い方を時間軸で可視化し直すことで、新たな発見があるのではないかという挑戦をしています。

　実際に図解してみると、食器のユースケースが可視化されることによって、食器には食卓に並ぶ前に、下ごしらえや保存、調理で使われることが明らかになりました、さらに後工程では洗い物、収納というフェーズのデザインをする必要があることが可視化されました。

　図解のメリットの1つに、「あらゆるモノゴトを二次元空間上に可視化できる」という点が挙げられます。

　可視化によって、メンバー間での情報共有と共感力を高められるのみならず、自分自身がより深い理解を得ることも可能となります。さらに、多角的な視点からモノゴトを捉えられるため、より高次元的な洞察力と観察力を身につけることができます。

　可視化しなければ、新しい視点は得られません。

　「OSORO」の例のように、可視化は新しい視点を見つけるために欠かすことのできない手段です。モノゴトを可視化することで視座は高まり、視野が広がり、視点が増えていくことを忘れないでください。

1

2

3

4

5

6

　スティーブ・ジョブズやジェフ・ベゾスなどの現代のリーダーたちが図解愛好者であったことはChapter 1で紹介しましたが、これまでに世界を大きく変えてきた歴史上のリーダーたちもまた、図解を愛してやまなかったようです。

死の間際まで図を描いていたアルキメデス

　紀元前287年から212年に活躍した古代ギリシャの数学者であり、物理学者であり、天文学者だったアルキメデスは現代にも残る法則を発見したり、故郷を守るために「投石機」と呼ばれる戦争用の兵器を考え出すなどの偉業を達成しています。

　しかし、戦争に敗北し、故郷は包囲され彼はローマ軍に捕えられてしまいました。ローマ軍の司令官マルケルスは当時75歳であったアルキメデスを殺してはいけないと命令を出していたそうです。ところが自宅に踏み込んできたローマ兵がアルキメデスを見つけると、砂に図を描いていたアルキメデスが「私の図を壊さないでくれ！」と高圧的に言い放ち、これが彼の最期の言葉となったそうです。

生涯で大量の図を描いたレオナルド・ダ・ヴィンチ

　レオナルド・ダ・ヴィンチといえば、「モナ・リザ」や「最後の晩餐」を描いたことで有名な画家である一方、科学技術や人体解剖なども、とことん追及する万能の天才だったようです。

　彼は、思いついたアイデアや経験したことは必ずメモに取ることにしていたようです。その手稿の数はなんと1万3000枚にもおよび、現代にも通じる図解も数多く残されていました。彼にとって図は単なるスケッチではなく、頭の中を構造化してくれるツールだったのでしょう。

あなたの図が教科書に残るかも？

　図は紙とペンさえあれば誰でも描くことができます。さらには、アルキメデスは砂と棒で図を描いていました。次世代型リーダーを目指すあなたも歴史上の偉人達に倣って思いつくままに図を描いてみましょう。あなたが何気なく描いた図が歴史の教科書に残るかもしれません。

2 / 図解を知る

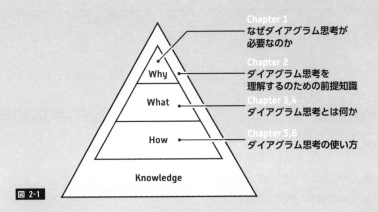

Chapter 1
なぜダイアグラム思考が
必要なのか

Chapter 2
ダイアグラム思考を
理解するのための前提知識

Chapter 3,4
ダイアグラム思考とは何か

Chapter 5,6
ダイアグラム思考の使い方

Why

What

How

Knowledge

図 2-1

　車を運転するためには、交通ルールを学ぶ必要があります。

　同じように、ダイアグラム思考を身につける前に、「そもそも図解とは何か」について知っておくことが必要です。

　私が職場で初めてハイタッチしたとき、そばにいてくれたのは図解でした。上り調子だった営業成績がストップし、スランプに陥ってしまっていたとき、上司が図解を教えてくれました。一度は会社を辞めてしまおうかと考えていた私に、改めて仕事の楽しさに気づかせてくれたのは図解です。

　「図解を知る」ことは、次世代型リーダーになるための近道です。図解についての基本的な知識について、用語の定義や近しいジャンルとの違い、歴史的な背景などの視点から理解していきましょう。

図と図解の違い

　「図」と「図解」は似ているようで、異なる意味を指します。この2つの違いを明確に理解することは、ダイアグラム思考の解像度を上げるために不可欠な整理です。ほとんどの方は図と図解の違いについて、考えたことはないのではないのでしょうか。

　それもそのはず、図と図解の定義は、それぞれ時代や用途・目的によって変遷しているため、理解が難しいからです。

　図解を活用・普及させることを目的としている一般社団法人日本図解協会では以下の定義を用いています。

- ●図の定義……点・線・面が集まって1つの形を描いたもの
- ●図解の定義…図で説明を行うこと

　日本図解協会の定義はしっかりと、「図を対象物」、「図解を動作」として分けていることが特徴です。ただし、完全に点と線と面だけで説明がつくような図は多くありません。少なからず言葉や文字でサポートされた図がほとんどですので、この部分だけは注意したいです。

　一方、企業で研究を進める、濱崎省吾氏と杉下幸司氏は自身の論文で図と図解の定義を以下のように定めています。

「図解は文字列と図形で構成されている。図形は文字列間の関係を視覚表現したものである」

　この2人の研究者の定義では、図解と図をそれぞれ区分するのではなく、同じ抽象度で扱っています。しっかりと文字列というキーワードも補足されているので安心です。一方、図形の説明は関係を示すことだけに特化した定義になっており、研究特化型の汎用性に乏しい定義であるようです。

　このように図と図解の定義に正解はありませんので、定義をする人の背景

や、所属する分野によって異なります。

本書では、図と図解をそれぞれ以下のように定義します。

- ●図の定義……図形や文字を用いてモノゴトを多視点から構造化して可視化されたもの
- ●図解の定義…図形や文字を用いてモノゴトを多視点から構造化して可視化すること

「図解モドキ」にだまされない

定義がしっかりすると、世の中には「図解モドキ」が溢れていることに気が付くようになります。

次の図を見てください。

本書における図解定義のポイントは、「図形や文字を用いて表現するすべてのモノゴトを図解とみなさない」点です。すると、パターンAは図、パターンBは「図解モドキ」（正確には、Section 2で後述する「図」ではあるが、「ダイアグラム」ではない）であることがわかります。

図 2-2 図解モドキに注意

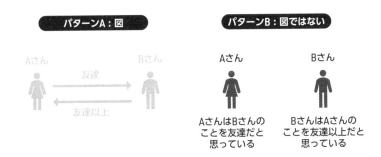

インターネットで「○○図解」と検索するとパターンBのような画像が多数ヒットしますが、パターンBはピクトグラムに文章を添えただけの単なる要約であり、図解のメリットの本質である「構造化」がすっかり抜け落ちてしまっています。

もちろん、イラストやピクトグラムと文章を並べることによる要約で、説明がわかりやすくなります。しかし、前述した通り、構造化ができないと「多視点」を得ることもできません。

　可視化だけに特化した図であれば、マンガやアニメのワンシーンの切り抜きも図に含まれてしまうでしょう。本書が目指すべき図は、**「無駄がなく、シンプルで、構造を示す図」** であることとします。

完成された図は伸びしろがない

　「モナ・リザ」に筆を加えても、さらに素晴らしい絵にはならないように、「完成されてしまった図」はそれ以上の議論を呼びません。

　あるとき、「自社が目指すべきプラットフォーム」の図を描いてほしいと社長に依頼されました。

　早速、図解してみたところ、これまで見えてこなかったさまざまな視点からプラットフォームのビジョンを構造化して可視化することができ、経営層での議論において作成した図が大いに役立ちました。

　その後、パワーポイントで作成したその図は経営計画の提出用資料に組み込まれることとなり、デザイナーによってイラストレーターで清書されました。イラストやカラフルなあしらいが装飾され、とても見栄えのいい図に生まれ変わりました。

　しかし、そのきれいすぎる図は、誰かが描き加えることも、線を曲げることもできなくなり、「議論の余地」がなくなっていました。

　つまり、完成されすぎた図には誰もツッコミを入れようと思わなくなりますし、図に表現されていること以外の発想を持ちにくくなってしまうのです。

　そのため、「図解モドキ」のような画像を作るスキルは、次世代型リーダーが身につけるべき思想とは乖離があります。よって、**本書では「多視点、構造化、可視化」に比重を置いた定義でダイアグラム思考の説明を進めます。**

図の種類

私たちは気づかないうちに、あまりにもたくさんの図に囲まれています。

観光地に掲げられている地図、仕事中に目を通すさまざまなグラフ、飲食店の入り口に張り付けられている禁煙の図、IKEAで買った家具の図面、電車の中で目にする路線図、SNSで紹介される新作ドラマの人物相関図など、世の中はさまざまな図で満ち満ちています。

そもそも「図」とは何者なのでしょうか。

この疑問は、図に近しい概念についての用語を整理することで解決できます。図の持つ役割そのものについての解像度を高めるために、これらの概念についてフォーカスしていきましょう。

本書では、ビジネスシーンでも特に登場機会が多い、「ピクチャー（Picture)」、「ダイアグラム（Diagram)」、「グラフ（Graph)」の3種類の概念に焦点を当てて説明します。この3つの概念を構造化すると次の図となります。

図 2-3 図の範囲

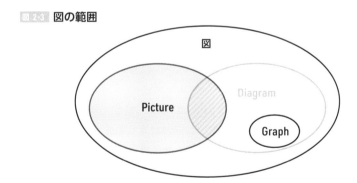

「ピクチャー」と「ダイアグラム」は、一部重複する性質を持つ図が存在しますが、基本的には別々の図を指します。ちなみに地図や設計図はちょうどピクチャーとダイアグラムの両方に属する位置にプロットされます。

一方、電車の路線図や人物相関図はダイアグラムにプロットされます。ただし、これらのプロットは1つの例に過ぎません。実際には、イラストがふ

んだんに使われるようなピクチャー寄りの路線図も存在するでしょう。

　図の概念を分類するときに重要なことは、客観的な事実ではなく、主観的なオピニオンです。上記の例が示すように、賽の目のようにきれいに図の種類を分けることは、とても難しいですし、意味がありません。

　あなたがこれから描く図は、どの図に位置づけられるのかを、あなた自身があらかじめ意識することで、芯を捉えたブレない図を描けるようになります。

　例えば、「ピクチャー」のような人物相関図を描いてしまうよりも、「ダイアグラム」寄りの人物相関図を想像しながら描くほうが、より本質に近づけるはずです。

　ちなみに、ほぼすべての「グラフ」は「ダイアグラム」に含まれます。グラフの種類については、表現したい数値の関係性によって、棒グラフ、円グラフ、折れ線グラフ、レーダーチャート、ヒストグラムなどのように、細分化することができます。

　しかし、本書では掘り下げて紹介することはしません。グラフを専門的に扱っている書籍が数多く出版されていますので、そちらに機会を譲ることとします。

　本書のメインで扱うカテゴリは当然、「ダイアグラム」ですので、「グラフ以外のダイアグラム」の描き方をお伝えしていきます。

ピクチャー（Picture）

　「火星人の言葉では、ここにある2つの形のうち1つを、『ブーバ（bouba）』と言い、もう1つを『キキ（kiki）』と言います。どちらがブーバで、どちらがキキか当ててみてください」。

図 2-4　ブーバキキ

出典：Ramachandran, Vilayanur S., and Edward M. Hubbard. "Synaesthesia--a window into perception, thought and language."
Journal of consciousness studies 8.12 (2001): 3-34..を基に筆者作成

　カリフォルニア大学サンディエゴ校の神経科学研究所で、ある研究が行われました。所長であるヴィラヤヌル・S・ラマチャンドランが参加者に上記の質問を投げかけました。

　すると、ほとんどの参加者が左の図を「キキ」、右の図を「ブーバ」だと回答しました。

　あなたの回答はいかがでしたでしょうか。

　もちろん、参加者は初めてこの図を目にしますし、住んでいる地域の文化や言語が異なっているにも関わらず、同じように回答するそうです。これを**「ブーバキキ効果」**と呼びます。

　このように図形や絵には、人間の中に共通した認識をあらかじめセットされているようです。ピクチャーもまた、ブーバキキ効果を持っています。

　Pictureの英和辞書を引くと「写真」や「絵」、「画像」や「イラスト」などの名詞がヒットします。

　ただし、論文や研究ジャーナル誌では「絵」や「画像」として使われることが多いです。「ピクチャー」の例を次の図に示します。このように、影絵のようなピクトグラムもピクチャーに含まれることがあります。

1

2

3

4

5

6

図 2-5 ピクチャーの例

　まれに本書で定義した「図」の意味として使われることもありますが、Illus-tration の意味に近い文脈が主流です。ですので「図解モドキ」は「ピクチャー」の範囲に近いです。

　ちなみに、論文で図や表を挿入する場合はそれぞれ、Figure と Table を用いるのが一般的です。一部のピクチャーはダイアグラムと同様のものを指すこともあるので、明確に定義が分かれていませんので注意が必要です。

　諸説ありますが、人類最古のピクチャーは、約20,000年前、後期旧石器時代のクロマニョン人によって描かれた、フランスのドルゴーニュ地方で見つかったラスコーの壁画だとされています。人類の可視化によるコミュニケーションは本能としてインプットされていることを実感します。

　そもそも言語情報と視覚情報は、ともに古代からコミュニケーションの重要なツールとして利用されてきました。このことは、現代における大規模かつ複雑に変化し続ける混沌の現代でも変わることがない事実でしょう。

ダイアグラム（Diagram）

　では、いつ頃から「ダイアグラム」が登場したのでしょうか。

　それは、今から約500年前の出来事でした。それまで、情報を可視化する場合は、モノゴトを正確に写実するためのピクチャーが主流でした。しかし、対象のモノゴトを抽象化させて、明確にメッセージを可視化して表現する、ピクチャーからダイアグラムへの変化が見て取れる瞬間が訪れます。1542年、「ドイツ植物学の父」と呼ばれるレオンハルト・フックスの『新植物誌（De Historia Stirpium Commentarii Insignes）』に挿入された、「3種類のサクラ

の木」の図を見てください。

図 2-6　1本の木に描いた
3種類のサクラ

出典：Leonhart Fuchs (1542)
『De Historia Stirpium Commentarii Insignes』
https://repository.ou.edu/uuid/16146ef0-4756-531
b-8938-3ec1de2513a0?solr_nav%5Bid%5D=18b8
0af7a82890f8746c&solr_nav%5Bpage%5D=0&solr
_nav%5Boffset%5D=0#page/25/mode/2up

　医学書としての植物誌を完成させたいフックスは、学者たちがどの季節に
本を参照しても問題ないように、異なる3つの季節のサクラの木の状態を一
枚の図に表現したのです。

　本書における「図」と「図解」の定義を当てはめているため、私の解釈に
過ぎませんが、レオンハルトの「サクラの木」は、以下の条件を満たしてい
ます。

- 3つの季節という「多視点」を取り入れている
- サクラの木が変化する要素（葉、花、実、幹）と要素間のつながりを「構造化」している
- サクラの木の状態を「可視化」している

　よって、作者が伝えたいメッセージを抽象化して可視化するという、「ダ
イアグラム」が始まった瞬間と捉えることができます。

　ただし、上記の起源については諸説あります。そもそもダイアグラムの定
義が曖昧なこともあり、明確にピクチャーとダイアグラムの差が認められた
機会は存在しないのです。

ダイアグラムには「図」や「図形」、「図式」、「図解」などの意味があります。IT業界では幾何学的な構造を図示したものや、情報や要素のつながりをモデル化したものを指すことがあります。

　ダイアグラムという言葉は広義で使われることが多く、後述するグラフやチャートもダイアグラムに含まれます。ダイアグラムの例を次の図に示します。

図 2-7 ダイアグラムの例

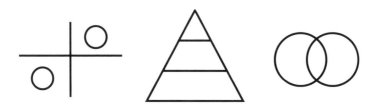

　「ダイアグラム」と「ピクチャー」と比べると、ダイアグラムはモノゴトそのものを正確に描き写すように描き出すのではなく、対象のモノゴトの特徴やメッセージを、ある程度抽象化して幾何学的に二次元空間に表現します。

　ダイアグラムには余計な装飾や色付けも必要ないため、思考をクリアに可視化して補助するツールとしては最適です。本書で取り上げる図や図解はすべてダイアグラムのカテゴリに含まれます。

グラフ（Graph）

　ダイアグラムの中でも、特に数値やデータを図示したものを「グラフ」と呼びます。グラフは、特にビジネスシーンで利用されることも多く、一般的には棒グラフや折れ線グラフ、円グラフが有名です。

　棒グラフや円グラフは、ウィリアム・プレイフェアによって1786年に出版された『商業および政治の見取り図（The Commercial and Political Atlas）』で初めて登場します。

図 2-8 世界初の棒グラフの登場

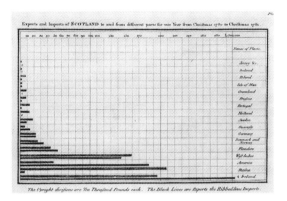

出典：Wikimedia Commons William Playfair (1786)『The Commercial and Political Atlas』
https://commons.wikimedia.org/wiki/File:1786_Playfair_-_Exports_and_Imports_of_Scotland_to_
and_from_different_parts_for_one_Year_from_Christmas_1780_to_Christmas_1781.jpg

　彼は1759年にスコットランドの小さな村に生まれました。兄のジョン・プレイフェアはアダム・スミスの『国富論』と時を同じくして、地球の年齢を概算することを、「ハットンの理論」を擁護して試みた大胆な数学者であり、偉大な地質学者でした。

　一方、弟のウィリアムはジェームズ・ワットの製図工の仕事をしていました。偉大な兄と比較されることが多かったウィリアムでしたが、のちに、持ち前の数値情報を空間に配置する能力が開花し、グラフ表示という現代に引き継がれる画期的な手法を生み出す功績を遺すこととなるのです。

　この本はイギリスの貿易などに関する統計情報をまとめた書籍であり、グラフによって、時間軸と数量の両方を図解することで、数字を直感的に理解できるようになりました。そしてプレイフェアの図解は、現代のビジネスシーンで数多く用いられるグラフの基礎となるのです。彼は同書の中で次のように語っています。

　66　これまでの数字が並ぶ表では記憶を上書きするために数日かけていたが、図解では同じ情報を5分で手に入れることができるのである　99

　プレイフェアによって、データの見せ方に大きな革新がもたらされました。これまでデータの可視化は科学者など、普段からデータに慣れているごく

少数のコミュニティ向けのものでした。彼の功績によって、世の中のありとあらゆる学問や商業界、政治家などの、データに慣れていない人たちから図解が注目を集め始めたのです。

　私が図解に出会う前、顧客への提案した帰り道の車中で、運転しながら悔し涙を流したことがあります。

　クラウドサービスを検討している顧客向けに約30分間のプレゼンを実施しました。私がまだ3枚目のスライドを説明しているのに、聴き手はペラペラと手元の資料をめくって最後のページの見積もりを読み始めていました。

　じっとりとした嫌な汗をぬぐいながら、そのまま私は誰も興味のない20枚の資料を読み続けなければならなかったのです。

　当然、その商談は失注に終わりました。あとから先輩に敗因についてのアドバイスをもらいました。先輩からは「プレゼン資料にもっとグラフを取り入れたほうがいいよ」と教えてくれました。

　グラフは複雑なデータを端的に、わかりやすく、直感的に伝えることができるダイアグラムの1つです。

　日本では円環に情報を配置した図を円グラフと呼ぶことが一般的ですが、英語圏において、グラフは「X軸とY軸から成る数値の図示」のことを指すので、円グラフは「Pie Chart」と呼ばれることが多いです。ただし棒グラフのことを「Bar Chart」と呼ぶこともあるので、明確なルールは存在しないようです。

　現代でもプレイフェアの意思は引き継がれています、グラフは研究者、ビジネスマン、政治家、教師などさまざまな人々に国境を越えて愛されています。

　コンピューターが発達したことにより、グラフは2次元表現だけでなく、3次元表現もできるようになりました。ビッグデータと呼ばれる大規模な情報の解析の可視化にグラフは欠かせません。今後のグラフの発展が楽しみです。

なぜ図で考えることを やめてしまうのか

図解という素晴らしいツールがあることを学校や会社では教えてくれません。

BrightSpot Info Design オーナーのサニー・ブラウンは、TEDでの講演 "Doodlers, unite!" が100万ビューを突破し、世界各地でビジュアルリテラシーの啓もう活動を行っている図解の達人です。彼女は著書『描きながら考える力〜The Doodle Revolution〜』の中で、文字と言葉の習熟度は長年の教育で向上していくのに対し、子どもの頃はあれだけ熱心に取り組んでいた視覚的言語は、大人になるにつれて下がってしまうことを指摘しています。

図 2-9 ビジュアル言語の習熟度は大人になると下がってしまう

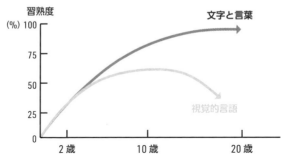

出典：サニー・ブラウン (2015)『描きながら考える力〜The Doodle Revolution〜』(インプレス) を基に筆者作成

では、いったいなぜ大人になるにつれて視覚的言語から遠ざかってしまうのでしょうか。そこには次の「3つの思い込み」が存在します。

1. 私には図を描く才能がない
2. 資料は文字だけで作らなければならない
3. 図を描くことは恥ずかしい

1つ目は**「私には図を描く才能がない」**と思い込んでしまうことです。

非ダイアグラム思考の人には、図を描くためには特別な才能や教養、絵心がないと描けないと思い込んでいる方が多くいます。図はアートでもなければ作品でもありません。そのため、図を描くために特別な才能やセンスは一切必要ありません。

ギュスターヴ・エッフェル大学のヴァレリー・ジセリンクがアメリカ心理学会に投稿した論文には、「図を利用するというスキルは、学習可能なスキルである可能性がある」ことが示されています。

つまり、**図解はトレーニングした分だけ鍛えられる**ということです。

さらに、カリフォルニア大学のデイヴィッド・ハイアリー博士は小学4年生から中学3年生を中心に、図解を用いた思考の指導を行ってきました。1996年に発行された『Visual Tools for Constructing Knowledge』は世界中で翻訳され、図解教育に役立っています。ハイアリー博士がまとめた8つの図解マップは小学生だけでなく、ビジネスでも役立つ内容です。

このように図解は小学生でもトレーニングすることで、使えるようになるスキルです。才能やセンスに言い訳せず、まずは図解を色んな場面で使ってみることから始めましょう。

ダン・ロームはビジュアルシンキングという、イラストや図を用いて問題へアプローチする手法の専門家であり、『描いて売り込め！超ビジュアルシンキング』の著者です。彼によれば、これまで仕事をしてきた相手の約25%の人は、「私には絵を見たり描いたりする才能はないから」と言って、ペンを持つことをためらう「赤ペン」グループであると言います。

さらに、約50%の人は自分から絵や図を描き始めることはしないが、他人の描いた絵に何かを描き足したり、強調すべきポイントを描き加えたりする「黄色ペン」グループだと言います。

そこで、彼は人々の絵や図を描くハードルを下げるために、『Napkin Academy』というWebサイトを立ち上げました。このWebサイトにある講座「どんな絵でも描ける方法」では、ホワイトボードや紙ナプキンに、さっと絵を描く方法を紹介しています。

この講座では、どんな絵や図でも突き詰めれば5パターンの基本的な図形に分解できると言います。それは、直線、四角形、円、三角形、ぐにゃぐにゃの5つです。彼によれば、この5パターンの図形さえ描ければ、どんな絵や図も描ける基礎力はあると言います。

本書で紹介するダイアグラム思考で登場する図は、ダン・ロームの5つの図形パターンから「ぐにゃぐにゃ」を減らした、4パターンの図形さえ描ければ誰でも図解できることを約束します。

ダイアグラム思考に特別な才能やアートのセンスは一切必要ありません。次世代型リーダーを志す人であれば誰でもスラスラと図解できるようになるのです。

図2-10 ダイアグラム思考に必要な4つの図形

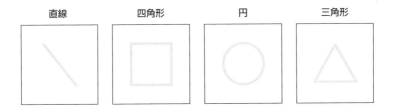

| 直線 | 四角形 | 円 | 三角形 |

② 資料は文字だけで作らなければならない

認知心理学者でありながら、1948年にカナダのボディビルの大会で「ミスター・カナダ」の称号を獲得しているボディビルダーであったという異色の経歴の持ち主である、ウェスタンオンタリオ大学のアラン・パイヴィオ教授は、視覚情報と言語情報が異なる2つのシステムとして機能する「デュアルコーディング理論」を唱えました。

彼は、「文章と図の両方が表す情報は2重に符号化されるため、記憶痕跡が強くなる2重コードモデル」を示しています。

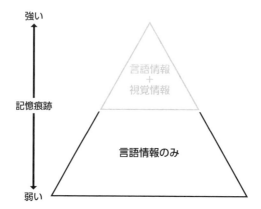

図2-11 2重コードモデル

参考：Paivio, Allan.「Imagery and Verbal Processes」
Psychology Press, 2013を基に筆者作成

強い

記憶痕跡

言語情報
＋
視覚情報

言語情報のみ

弱い

　つまり、イメージの形成が学習することを助けるので、資料は文章だけで
なく図も併記したほうが記憶されやすいということです。彼の研究成果に基
づいて、議事録は文章だけという思い込みは捨てて、たくさんの図解にチャ
レンジしてみましょう。

　ちなみにパイヴィオ教授はさらに生涯で約200もの論文を発表しています。
彼は、図解もボディビルと同じようにトレーニングしていたのかもしれませ
ん。

　あなたは会社で作成する資料は文字がメインでなければならないと思い込
んでいませんか。事実として、議事録やメールなど、文字を主体でコミュニ
ケーションする文化が日本には根強く残っています。しかし、あなたの会社
の中で、図が主役となる資料が主軸となったらどうでしょうか。

　文字と図の主従関係が逆になれば視覚情報によるコミュニケーションが活
発になります。実際に、私がマネジメントする部署では議事録にも図を取り
入れ、会議ではホワイトボードが欠かせません。

　「資料は文字だけで作らなければならない」という思い込みは捨てて、積
極的に図を取り入れましょう。

③ 図を描くことは恥ずかしい

　私がこれまでダイアグラム思考の研修で出会ってきた方々の中で、図を描

かなくなってしまった最も多い理由は、「図を描くことが恥ずかしいから」
という理由でした。

「自分で描いた図を誰かに見せるなんてとんでもない！」

「もっときれいに、正しく描かなきゃ！」

「まだ、人に見せられるようなレベルではないから」

「手書きじゃなくて、デザインツールで描き直すから待ってて！」

という思い込みが図解のハードルを高くしてしまっているようです。しか
し、実際には図は汚くても、雑でもいいのです。

ワシントン大学のビル・ウィン教授は、人々が地図、チャート、ダイアグ
ラムをどのように認識し、処理し、学習するかについて数多くの研究を行っ
てきました。彼は、自身が発表した論文にて、「写実性の高い図よりも単純
な図のほうが理解を改善する」ということを明らかにしています。

つまり、図はきれいに上手に描く必要はなく、汚くてもシンプルにモノゴ
トを構造化できていれば問題ないということです。積極的に下手な図を量産
して公開し続けましょう。

常に流動的で、抽象度の高い出来事が高速かつ複雑に訪れるビジネスシー
ンでは受験勉強のように知識や公式を覚えた分だけ高得点を得るという体験
はあり得ません。

しかし、図解は描けば描くほどにスキルは上達し、図解のプロセスから新
しい発見を得る体験や、わかりやすくモノゴトを伝えることが上手にできる
ようになります。

図解は筋トレと同じなので、どれだけの多くの枚数の図を描けるかがスキ
ルアップの鍵になります。まさに「2重コードモデル」の研究で登場したパ
イヴィオ教授のように、図解の筋トレに励みましょう。

　アメリカやヨーロッパでは、モノゴトを可視化するという行為が盛んに行われており、「Visualization」と呼ばれています。可視化する技術はさまざまなシーンで使うことができるよう、アレンジされています。

データの可視化（Data Visualization）

　コンピューターの進歩に伴い大量のデータが可視化されるようになりました。統計や分析を扱うデータサイエンスやデータアナリティクス、金融や地形データの解析などが該当します。データという無機質な情報にストーリー性を加えることで、専門家以外の人たちにも影響を与えることが可能になりました。

ビジュアルファシリテーション（Visual Facilitation）

　イラストやダイアグラム、写真や映像を使って人々の意思決定に働きかける活動です。本書における「ダイアグラム思考」にも一部、ビジュアルファシリテーションの考え方を取り入れています。会議中にホワイトボードを使いながらファシリテーションをする方は、無意識にビジュアルファシリテーションを実行しているのです。

認知の可視化（Cognitive Visualization）

　頭の中で起こっているメタファー、メンタルモデル、ビジョンなどを可視化する取り組みです。自分の視覚的IQを向上させる考え方や手法が含まれます。「ダイアグラム思考」においても、情報を自分の頭に中にインプットするシーンにこの考え方を取り入れています。

まずは基本からマスターしよう

　他にも、会議をリアルタイムで可視化する「グラフィックレコーディング（Graphic Recording）」や、静止画だけでなく動画を用いてモノゴトを可視化する「Video Visualization）」などの手法も存在します。すべての手法を使いこなすことは難しいですが、「ダイアグラム思考」は、あらゆるビジュアリゼーション手法の基礎となります。まずは基本からマスターしましょう。

Chapter

3 / ダイアグラム思考とは

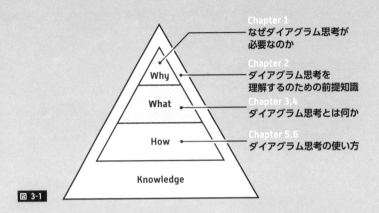

Chapter 1
なぜダイアグラム思考が
必要なのか

Chapter 2
ダイアグラム思考を
理解するのための前提知識

Chapter 3,4
ダイアグラム思考とは何か

Chapter 5,6
ダイアグラム思考の使い方

Why / What / How / Knowledge

図 3-1

　私は、18歳から20歳までの間、栃木県の自動車工場で、毎日機械のハンドルを回し続けていた凡人です。特殊なセンスもなければ、天才でもありません。

　ダイアグラム思考は、「凡人が考えた凡人のための思考法」です。特別な一握りのエリートのためのテクニックではありません。ダイアグラム思考とは図解の持つ価値を、次世代型リーダーが100％引き出せるように体系化した思考法です。

　ダイアグラム思考を次のように定義します。

　「図形や文字を用いてモノゴトを多視点から構造化して可視化する思考法」

　そうです。本書で取り上げた図と図解の定義と同義です。

　ダイアグラム思考は業種、業界、役職、役割、問題の大小を問わず、あらゆるモノゴトに対して活用できる思考法です。ダイアグラム思考を働かせることにより、あらゆるモノゴトを「わかりやすく」「シンプルに」「伝えやすく」整理できるようになります。

モード1とモード2

　ドライヤーで髪を乾かすときは「HOT」、髪を引き締めたいときは「COOL」の2つのモードを使い分けます。ダイアグラム思考も目的に応じて、「2つのモード」を使い分けます。

図 3-2 **ダイアグラム思考のモード**

　「モード1」は、情報を図解することで、自分の頭へ**「インプット」**するための思考法です。

　「モード2」は、頭の中にある情報を図解によって、**「アウトプット」**するための思考法です。

　ダイアグラム思考「モード1」と「モード2」の詳しい特徴を次の図にまとめています。「モード2」の図解はプレゼンテーションや解説のために用いられるため、広く一般的に知られていますが、図解は「モード1」のようなインプットのシーンでも価値を発揮します。

図 3-3 モード1とモード2の特徴

Mode 1

自分の理解
インプット
プロセス重視
気づき・抜け漏れ・アイデアの発見

Mode 2

他者への共有
アウトプット
成果物重視
わかりやすく・正確に・素早く伝える

「モード1」では図解をするという「プロセス」を重視し、「モード2」では図解によって生まれた図、つまり「成果物」を重視します。

『ドラえもん』で有名なマンガ家の藤子・F・不二雄先生はインタビューで、プロのマンガ家としてのスタンスを次のように語っています。

> ❝ 自分の頭の中で創り上げた架空世界を紙に定着させ、それを読者に伝えて共感を得たいとか、あるいは喜ばせたい、楽しませたい、感動させたい……。そういう気持ちがあったからこそプロのマンガ家になったのです。 ❞

先生は日常生活でのあらゆる気づきをメモに残していたことでも有名です。「モード1」によって、見つけたアイデアをメモやスケッチでインプットし、「モード2」によって、自分の頭の中にあるアイデアを、マンガとして頭の外に可視化することで、多くの読者の共感を作り上げていったのです。

ダイアグラム思考はマンガのように、限られた才能のある人にしか使うことのできない特別な技能ではありません。本書を読み終えることさえできれば、誰でも図解の基礎を身につけることができます。

ただし、図解は筋トレと同じように繰り返しトレーニングすることが重要です。まずは、ダイアグラム思考の「2つのモード」について、どのような目的で、どのような利用シーンがあるのかを説明していきます。

モード1：インプットするための図解

この本のゴールは、「図が描けるようになる」ことではありません。**「図を描くことであらゆるモノゴトを多視点から構造化して可視化できるようになる」ことがゴールです。**

単純に図が欲しいだけならば、Webに落ちているそれらしいフリー素材を使えばいいでしょう。直近では自動で作図をしてくれるようなAIまで登場しています。

しかし、ダイアグラム思考は、図解によって頭の中の情報を知識へと「醸成」することができる思考法です。よって、ダイアグラム思考「モード1」の図解では、図そのものの完成形ではなく、図を描くプロセスを重視します。

モード1の目的

ダイアグラム思考「モード1」を用いる目的は、**「自分の理解を促進するため」**です。情報をインプットするときに、図解という体験を経由することで自分のオリジナルな「気づき」が得られます。「気づき」の中には、抜け漏れや論理矛盾、新しい発見などが含まれます。

図解は深い理解を得るためのサポートになる

「今からパンダの全身の絵を正確にフルカラーで描いてください」

あなたは最初に何をしますか。

まずはパンダの詳細を思い出すために、スマホでパンダの写真を検索したり、熱心な人は動物園に行って本物のパンダを観察するのではないでしょうか。

「思い出すこと」と「実際に描くこと」には大きな違いがあります。思い出すだけであれば、モヤモヤっとしたパンダ像で十分ですが、ペンを握ってパンダの絵を描こうとすると、パンダの耳の形やしっぽの色も確認する必要

が出てきます。

このように、情報を二次元で表現するということは、モノゴトの「詳細」まで気にしなくてはならないきっかけとなるのです。ちなみに、ジャイアントパンダのしっぽの色は白です。

図 3-4　パンダのしっぽは何色？

ダイアグラム思考「モード1」の特徴について、カリフォルニア大学のリチャード・E・メイヤー教授が興味深い「マルチメディア学習理論」という研究をしています。

彼は2008年に、米国心理学会から「教育およびトレーニングへの心理学の応用に対する特別貢献賞」を受賞し、1997年から2001年にかけて、「世界で最も生産的な教育心理学者」として第1位にランクされている偉大な研究者です。

彼の提唱する「マルチメディア学習理論」とは、「視覚情報と言語資料が同時に提示されるときに、最適な学習が起こる」という主張です。

彼は、論文で「深い理解を図る課題では文章よりも図のほうが有効である」ことを示しており、ダイアグラムに関する学術的な研究を進展させました。

つまり、ダイアグラム思考「モード1」を使うことによって、**「図解の対象となるモノゴトについて、深い理解を得ることができる」**のです。

図解はモノゴトを考え直すきっかけになる

図解が習慣化すると、上司に相談する回数を約40％減らすことができます。

私がマネージャーを務める部署では、部下たちが相談事項の論点が整理されていないまま、私のもとへ相談に来ることが増加していました。そこで、私は「たった1つのルール」を設けました。それは「相談するときには手書きの図を1枚持参する」というルールです。

このルールを設けた狙いとしては、ダイアグラム思考「モード2」のアウトプット効果によって、私への相談事項の共有時間を、よりスムーズに効率化することでした。

　しかし、このルールは私が全く想定していなかった思わぬ効果を生むこととなりました。

　その想定外の効果とは、そもそもの私への相談件数が、ルール設定前と比べて約40％も減少したのです。その理由を分析してみると、部下たちが自分自身の悩みを図解することで、その悩みの解像度が高まり、解決策を見つけ出して自己完結していることが明らかになりました。

　つまり、元々は「モード2」のアウトプット効果による相談の質向上を目的に設けたルールでしたが、部下自身が「モード1」のインプット図解をすることによって、相談する前に自己解決策を見い出す機会を増やし、結果的に相談件数の削減につながるという、予期せぬ副産物が生まれたのです。

　この事例に次世代型リーダーになるためのヒントがあります。

　次世代型のリーダーはメンバーに対して細かく指示を出すのではなく、メンバーが能動的に行動するようなきっかけを与えるのです。

　そのためにも、まずはあなたがダイアグラム思考を習得してください。

　そして、自分だけでなくメンバーにもダイアグラム思考の習慣を根付かせることで、チーム全体の思考力が向上していきます。その結果、メンバーがモノゴトに対する深い理解を得ることで、自動的に仕事が回るようになるのです。

モード1の利用シーン

　ダイアグラム思考「モード1」は、紙とペンだけあればいつでもどこでも活用できます。

　さらに、図解の対象となる情報は文字だけにはとどまりません。ダイアグラム思考「モード1」には、主に次の3つの利用シーンがあります。

1. 言語情報をインプットする
2. 視覚情報をインプットする
3. 聴覚情報をインプットする

言語情報をインプットする

　通勤中の電車の中でも。シャワーを浴びているときでも。寝る直前のベッドの中でも。BARでお酒を飲んでいるときでも。ダイエットのためにランニングをしている最中でも。ダイアグラム思考「モード1」はいつでもどこでも使えます。

　特に、自分の頭に情報をインプットするようなシーンで「モード1」は効果を発揮します。言語情報をインプットして図解するシーンは、これから紹介するほかの2つのインプットシーンと比較しても、日常で遭遇するシーンが多いです。

　例えば、ビジネスシーンにおいては、メールやチャットツールでやり取りした情報や、シンクタンクが報告するレポートなど、文章のみで構成された情報を整理する際に、「モード1」の利用シーンが想定されます。このような言語情報を急いでリアルタイムで図解しなければならない状況は比較的少ないでしょう。そのため、入手した言語情報をゆっくり観察しながら、「モード1」を利用して図解することができるのです。

　筑波大学図書館情報メディア系准教授であり、メディアアーティストでも

ある落合陽一氏は、ダイアグラム思考「モード1」の使い手です。

彼の著書『忘れる読書』にて、「モード1」の使いどころを次のように語っています。

> 66 私はいつも、縦横2軸を自分で設定し、4象限のグラフを頭に置いてものを考えています。例えば、縦軸に『人』と『機械』、横軸に『デジタル』と『アナログ』というようにです。可能性の方向へドットを打ちます。現在地からそのドットまでどうやったら物事を一番良いほうに持っていけるかというロードマップが見えてきます。 99

彼の場合は、自分の頭の中身の整理をするときに自動的にダイアグラム思考「モード1」が発動しているようです。

図解は慣れてくると無意識で実行してしまうようになります。しかし、この境地に立つまでは繰り返し図解をしておく必要があります。普段から意識的に図解をするように心がけましょう。

② 視覚情報をインプットする

あなたの会社での1日で、何回情報をインプットするシーンが訪れるか想像してしてみてください。

パソコンを立ち上げ、メールチェック。そして朝会では同僚の進捗状況を確認し、そのまま午前中の会議が始まります。業界紙を読みながらランチを済ませると、午後イチの会議で売上状況の数字を報告します。会議が終わると顧客との定例Web会議が始まります。夕方には次の提案のための資料作成に着手して、データをグラフ化していく。

こんな何気ない1日だけでも膨大な量の情報をインプットしています。

グラフや動画によって視覚化された情報は、言語情報や聴覚情報よりも圧倒的に1コンテンツあたりの情報量が多くなります。そのため、情報そのものの解像度は高いが、頭の中で整理するために脳の処理領域を消費してしまうという難点があります。

しかし、ダイアグラム思考を駆使することで、情報を「ダイアグラム」としてシンプルに可視化し直すことで、**脳の処理効率を維持したまま情報を正**

しく理解できます。

　慶應義塾大学情報環境学部教授であり、Zホールディングス株式会社シニアストラテジストでもある安宅和人氏は、脳神経科学の専門家です。

　彼によると、脳神経科学においては、2つ以上のニューロンが同時に興奮し、シナプスでシンクロしたときに、2つ以上の情報がつながることで「理解」に至るとのことです。つまり、次の図のように、種類の異なる2つ以上の情報がつながると理解が促進されるのです。

図 3-5　理解する＝情報をつなぐこと

出典：安宅和人（2010）『イシューから
はじめよ──知的生産の「シンプルな本
質」』（英治出版）を基に筆者作成

理解・記憶

　モノゴトを図解することで、元々の情報源に加え、自分がオリジナルで作成した図によって新規の視覚情報も同時に入手できるようになります。これにより単一の種類の情報だけを取り込むときよりも、脳が素早く理解を獲得できるのです。

　さらに安宅氏は、「ヘッブ則」と呼ばれる効果についても言及しています。

　「ヘッブ則」とは、シナプスに由来する「つながり」を繰り返すことで、記憶が安定するという法則です。つまり、情報をただ受け入れるのではなく、何度も繰り返し図解して脳内でつなぎ続けることで、理解を促進させるだけでなく、記憶の安定化も加速させることができるのです。

3　聴覚情報をインプットする

　「結局は〜で」、「つまり〜だから」、「要するに〜は」などの話し言葉は、特に会議中や商談中によく耳にするセリフですが、口頭だけの情報はまとめると言いつつ、全然まとまっていないことがよくあります。

カリフォルニア大学の心理学名誉教授であるアルバート・メラビアン教授が提唱した「メラビアンの法則」という有名な法則があります。

　メラビアンの法則では、人とのコミュニケーションの伝え方の割合において、次の図のように、文字情報は7%、聴覚情報は38%、視覚情報は55%とされています。

図 3-6　メラビアンの法則

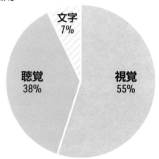

　つまり、文字だけの資料で伝えられる情報は7%しかありませんが、文字と図解をセットにすれば、文字情報7%＋視覚情報55%で62%となります。**つまり、文字だけの情報に比べて約9倍もわかりやすくなるのです。**

　私が仕事中に図解をするときは、取り扱うデータの可視化だけではなく、メタファーやメンタルモデル、ビジョンなどの抽象度の高いモノゴトも図解するようにしています。

　相手の巧みな説明を聴覚情報のみで取り入れてしまうと、抽象度の高いモノゴトは、なんとなくわかった気になってしまいがちです。しかし、一度整理するために図解をしてみると、自分の理解度の低さに驚くことがあります。

　ダイアグラム思考「モード1」には、自分の「視覚的IQ」を向上させるための考え方が含まれます。

　「モード1」を普段のビジネスシーンで用いることはもちろん、あらゆる情報のインプットシーンにダイアグラム思考を取り入れることは、文字情報＋視覚情報の合わせ技として、次世代型リーダーとしての「P機能」を高めるトレーニングとしても有効です。

モード1のメリット

　ダイアグラム思考「モード1」のメリットを享受するだけで、あなたの次世代型リーダー力における「P機能」は、ボディビルダーの上腕二頭筋のようにモリモリ発達します。

　自分の理解を促進するための「モード1」について、具体的にはどのようなメリットが期待できるのでしょうか。5つのメリットを紹介します。

⑴ 抜け漏れに気づくことができる

　いつもは自信満々でハードボイルドな顧客の本部長が、その日だけは照れ臭そうに頬を赤らめていました。

　コンサルタントの仕事の依頼を受け、私は愛知県の大手繊維メーカーの製造本部長のもとを訪れました。これまでにも数回仕事の依頼をいただいたこともある顧客で、とても頭の回転が速く、優秀な人物でした。

　「現場を改善できるような生産計画システムの入れ替え」についてコンサルティングを依頼されました。早速、製造現場を中心にヒアリングを行いました。はじめのうちは本部長から「ほかの部署や、業務のことはいいから、現場の生産計画システムに集中してほしい」と言われていました。

　ヒアリングした内容を基に問題点を整理していくと、かなり省略していますが下図のようなループ図を描くことができました。すると、図を描くことによって、製造現場以外の部署にも連鎖的に影響を与えている大きな悪循環のループがあることを発見したのです。

1

2

3

4

5

6

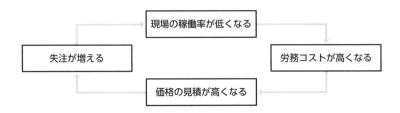

図 3-7 図解することで見えてくる

現場の稼働率が低くなる

失注が増える

労務コストが高くなる

価格の見積が高くなる

　私は、本部長にその図解を見せながら、製造現場以外の部署が影響している悪循環ループを説明しました。本部長は、それまで視野に入れていなかった労務管理ツールの導入や原価管理、購買管理からの視点をまじまじと見せつけられました。

　「困ったね、これは私の視野が狭かったね」

　このように照れくさそうにしながら図解の効果を実感していました。本部長は、生産計画システムの入れ替えという目の前の課題に集中するあまり、業務全体に存在する、ほかの課題がすっかり抜け漏れしてしまっていたのです。

　その後、私たちは会社全体のシステム改善案を立案し、当初は生産計画システムの入れ替えだけだったスモールな案件を、ステップバイステップで各システムを導入し、悪循環を断つことを目的とした、大規模な案件にグロースすることができたのです。

　そして、本部長からも「ぜひまた髙野さんにお願いしたい」とのお褒めの言葉をいただきました。

② 問題の本質に近づくことができる

> 「悩む」とは答えが出ない前提で考えるフリをすること、「考える」とは答えが出ることを前提に建設的に考えを組み立てることです。

　これは、先ほどシナプスのつながりによって、記憶が安定化する「ヘッブ則」で紹介した安宅和人氏の著書、『イシューから始めよ──知的生産の「シンプルな本質」』における、悩むことと考えることの違いについて表現され

た言葉です。

　モヤモヤしている悩みを頭の中で想像し続けることは時間の無駄です。頭の中身を図解して、問題を思考の枠の外に吐き出すことで悩みは考えに変化していきます。

　悩みを図解すると、モノゴトの何と何にどのような関係があるのか、要素にどのようなグループのつながりがあるのか、どのような項目を比較すればよいのか、どのような分類ができるのかなど、モヤモヤしていた悩みが可視化され、明快になっていきます。

　図解によって「**多視点から構造化して可視化される**」ことで、問題の本質に近づけるのです。

　「モード1」の目的を説明するときに紹介した、「マルチメディア学習理論」のリチャード・E・メイヤー教授の研究では、「深い理解を図る課題では文章よりも図のほうが有効である」ということがわかったとお伝えしましたが、図解には別のメリットがあることもわかっています。

　彼の研究では、テキストだけでなく、テキストと図解を併用して学習した場合のほうが、記憶力や理解度だけでなく「問題解決能力の向上」が見られたことも示されているのです。

　先ほど紹介した、私の部署での「相談時には手書きの図を1枚持参するルール」というエピソードには続きがあります。

　このルールが適用される前は、部下が相談してきた内容に私がアドバイスすると、その指摘事項通りに意見を変えてしまう部下が多くいました（誤解のないように伝えると、私は決して鬼軍曹のような厳しい上司ではありません！）。

　しかし、「図解ルール」が適用され、部下が図を持って相談しに来るようになると、私のアドバイスに対して反論したり、しっかりとしたロジックを展開するようになった部下が続々と増えました。

　自分の意見を自分で図解することによって、より意見の解像度が向上したことで精度の高いディスカッションができるようになったのです。

　つまり、ダイアグラム思考「モード1」を用いることで、より「問題の本質に近づく」ことができるようになるのです。

1

2

3

4

5

6

「バリューグラフ」をご存じでしょうか。

抽象度をコントロールするために図解は有効なツールです。スタンフォード大学の石井浩介教授らが開発した価値工学における図解手法の1つが「バリューグラフ」なのです。

「バリューグラフ」とは、**製品やサービスの目的や価値を、まるで「梯子を登っていくかのように多視点から構造化して可視化できる」図解フレーム**です。

主題に対し、図解によって「なぜそうするのか」という問いを繰り返すことで、上位の目的にたどり着いていくのです。可視化により抽象度を上げることによって、自分が当然だと思い込んでいたバイアスから抜け出すことが可能になります。

例えば、「腕時計」の抽象度を上げてみましょう。

図 3-8 **バリューグラフによる抽象度コントロール**

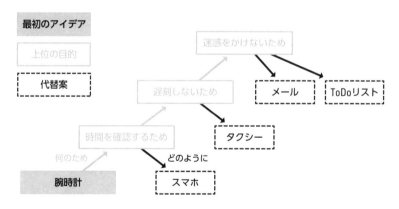

腕時計を身につける目的の1つは「時間を確認すること」ですが、時間を確認できるのであれば「スマホ」でもよいはずです。さらに、時間を確認するのはなぜかを考えてみると「遅刻しないため」という目的があることがわかります。しかし、遅刻しないためならば、「タクシー」という代替案も存在します。

さらにさらに、なぜ遅刻しないようにするのかを考えると、迷惑をかけないためという上位の目的にたどり着きます。そして、迷惑をかけないようにするためには、「メールで連絡しておく」や「ToDoリストを作成する」など、ほかの手段が浮かび上がります。

　このように、目先のバイアスに囚われずに上位の目的を思考することでモノゴトの本質が見えてくることがあります。

　バリューグラフは一例ですが、ほかにもさまざまな図解パターンによって、モノゴトのちょうどよい抽象度を見つけ出すためのコントロールができます。具体というのは基本的にはバラバラでまとまりがないモノゴトだらけです。一方、抽象とは具体的なモノゴトから関係性や共通項を抜き出して構造化されているモノゴトを指します。

　次世代型リーダーは目の前の具体的な事象だけに縛られるのではなく、常に抽象的で自由な発想を持ち続けることが必要です。

4 情報を並列処理することができる

　あなたにもこんな経験はありませんか。

　ハガキを書こうとして、切手が必要なことがわかりました。切手は2階の部屋にあるので、階段を上がると、途中にあった花瓶の水がなくなっていることに気が付きます。あとで水をあげなくちゃと考えている間に、「あれ、何で2階に上がってきたんだっけ？」となってしまうことがあるのではないでしょうか。

　人間の頭の中には、「ワーキングメモリ」と呼ばれる、短期記憶と高速な情報処理を同時に行う概念が存在します。

　ワーキングメモリは、1974年にイギリスの心理学者アラン・バドリーとグラハム・ヒッチによって提唱されました。人間の脳は、多くの情報を記憶しながら処理することができないことが明らかにされています。

　大阪大学の苧阪満里子名誉教授と京都大学の苧阪直行名誉教授の研究では、リーディングスパンテストというワーキングメモリの容量を量るためのテストを日本語化していますので、あなたのワーキングメモリの容量を実際に計測してみましょう。

　次の4つの文章を声に出して読み上げてください。

そのとき、下線部の単語を覚えておいてください。4つの文章を読み終わったら、すぐに文章から目を離し、覚えている下線部の4つの単語を声に出してみてください。

- ドライアイスは氷菓子を冷やすのにちょうどよい。
- 弟の健二がまぶしそうに目を動かしながら尋ねました。
- 老人は私を隣に座らせ、風変わりな話を聞かせてくれた。
- 母親は封筒の名前を初めて見たとき、ひどく驚いた。

　さて、いくつの単語を覚えていましたか。
　4つの単語をすべて覚えていられた人は多くないはずです。ちなみに私は2つだけでした。
　このように、人間が頭の中だけで思考するためには、記憶容量も情報処理能力もあまりに少ないことがわかります。頭の中だけで考えることと、覚えることを同時に行おうとすると、たったの4単語すら思い出せないのです。
　聖徳太子（厩戸王）は10人もの相手の話を同時に聞いていたとされています。しかし残念ながら、ほとんどの人間の頭脳は、短期間かつ同時並行的に情報を処理することが苦手な仕組みになっています。自分ひとりの頭でモノゴトを思考するのは限界があるのです。
　人間の脳は、長期記憶するスペースを本棚に、ワーキングメモリを机に例えられることがあります。机の上における本は限りがありますし、本を置いておくと作業ができるスペースがなくなってしまいます。机の十分なスペースを確保するためにも、次の図のような役割分担をしましょう。

図 3-9　ワーキングメモリと図解

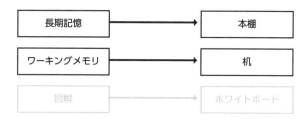

　図解はさながら机の横に置いてある「ホワイトボード」のようなものです。

作業途中のワークを机の横のホワイトボードに描き写しておけば忘れてしまうことはありません。

　自分の頭だけでなく、図解というホワイトボードがあることによって、机は常にきれいなままで、新しい本を置くことも、広々と作業を進めることも、同時にできるようになります。

　情報は、積極的にワーキングメモリの外へ出して、思考の記憶スペースと作業スペースを確保しておきましょう。

5 アイデア発想することができる

　新しいアイデアやイノベーションは頭の中だけで考えているだけでは「絶対に」生まれません。

　しかし、**既存のアイデアを図に描き出すことで、誰も見たこともないような新しいアイデアを生み出せるようになります。**

　慶應義塾大学大学院システムデザイン・マネジメント研究科が開発した、図解を用いて可視化することで新しい視点を発見する手法である「構造シフト発想」の1つのパターンを紹介します。

　構造シフト発想法が示されている論文では、「既出のアイデアをほかのグループに強制的に移動させることで、アイデアを発想するパターンがある」という研究内容が紹介されています。既出のアイデアのグループを移動させることで、これまでとは全く異なるグループの視点から、既出のアイデアを強制的に見つめ直せます。

　構造シフト発想法は図解によって、**「アイデアを可視化することで多視点から観察する」**ことができる手法です。この手法により、発想者自身の思考の枠組みの外から新規アイデアを発想することに期待できます。

　論文では、「新しい文化祭の出し物」をテーマにした2軸図による構造シフト発想法の具体例が紹介されています。

　まずは、すでに世の中に多く知られている既存の「文化祭の出し物」に関するアイデアを並べていきます。次に既存のアイデアを2軸図上にマッピングしていきます。このとき、2軸図に使われる2つの変数は自由に選ぶことが可能です。これによって、既存のアイデアが構造化されるのです。

次の図の例では縦軸に「収入あり－収入なし」、横軸に「楽しみ－学び」の変数を選びました。ここから、既存のアイデアの軸を「ズラす」とどうなるのかを考えます。

　例えば、「収入なし－楽しみ」の「お化け屋敷」という既存アイデアを「収入なし－学び」に移動させると「先生がお化けの模擬授業屋敷」という新しいアイデアが生まれます。

図 3-10 アイデアをズラして発想する

出典：今泉友之, et al. "親和図と2軸図を用いた構造シフト発想法の主観的評価." 日本創造学会論文誌 Vol.17 (2014): 92-111.を基に筆者作成

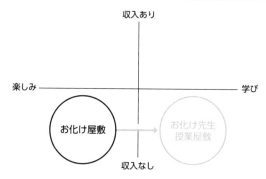

　さらに2軸図を使ったアイデア発想では、これまで何も思いつかなかったブルーオーシャンの領域の視点を得られます。

　次の図では、「収入あり－学び」の領域に既存アイデアが1つもないことに気が付きます。つまり、この領域は思考の枠外であり、新しい視点なのです。この領域を意識すると「地元企業の仕事体験」という新しいアイデアを発想することができるようになります。

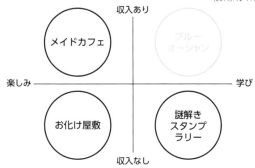

図3-11 アイデアのブルーオーシャンを見つける

出典：今泉友之, et al. "親和図と2軸図を用いた構造シフト発想法の主観的評価." 日本創造学会論文誌 Vol.17 (2014): 92-111.を基に筆者作成

　もちろん、この発想法は文化祭の出し物だけでなく、数多くのビジネスシーンで利用することができます。例えば、新規事業の市場分析やマーケティング活動におけるポジショニング分析で力を発揮します。頭だけで考えるのではなく、ペンを握って手を動かし、紙に描いて目で見ながら思考することでアイデアが生まれます。

　構造シフト発想法は、図解を用いたアイデア発想法のごく一部の例ですが、このように**ダイアグラム思考を習得すれば「可視化して多視点が見えてくる」**ようになります。応用すれば、既存のモノゴトの抜け漏れチェックだけでなく、新しい視点からの発想が得られます。

　また、可視化することで自分だけでなく、他のメンバーの目を持ち寄ることができます。自分だけの視野や思考はとても狭くて小さいものですが、メンバーの集合知を活かすことでひとりだけでは絶対に考えつかないようなアイデアを手に入れることができます。

　次世代型リーダーにはメンバーの多様性を尊重することで、集合知を手に入れ、事業を拡大していく姿勢が求められます。

マインドセットとしての
モード1

　ダイアグラム思考の「モード1」を究めていくと、実際に紙に図を描かなくても、「頭の中だけ」で可視化できるようになります。

　ダイアグラム思考の重要なポイントの1つに可視化が存在することは間違いありません。しかし、可視化は必ずしも物理的に表現しなくてもよいのです。

　「モード2」のように誰かに共有するためのアウトプットとしての図解は紙やデジタルに図を描いて表現することが必要ですが、「モード1」はインプットのための図解なので、自分の頭の中だけに描けていれば可視化の役割を果たせます。

日常生活に溶け込む図解

　ペンやPCがなくても図が描けるようになると、今朝のTVニュースを聞いているときも、会議をしている最中も、飲み会での何気ない会話も、夫婦喧嘩でさえも、**あらゆるインプットの情報が自動的に頭の中で図解されていくようになります。**

　本当の意味であらゆるモノゴトが多視点から構造化して可視化されていくので、思考スピードが劇的に加速されると同時に、発想の質が向上し、思考の厚みが増していくでしょう。

　また、図解は動画のように勝手に動いたり、音声が流れるわけではありません。ですので、自分から情報を理解しに行くという能動的なアクションが必要となります。

　一度描いた図をじっくり眺めてみたり、頭の中で何度も思い出そうすることで、図解をする前では気が付かなかった視点や発見が生まれます。

あるとき、入社2年目の私の部下がこんな相談をしてくれました。

「早く実績を残したくて焦ってます。たくさんインプットしているのに、ほかの人のようにうまくできていないんです」

若手が成果や実績を焦ってしまうことは、私が若手社員の頃も同じだったのでよく理解できます。しかし、いたずらにアウトプットや成果を焦ることには何も意味がありません。

思考はインプットとアウトプットのどちらかに分類されると考えている人もいるかもしれませんが、次の図に示すよう、**インプットとアウトプットの間には共通の「醸成」というフェーズが存在します。**

図 3-12 インプットとアウトプットには醸成が必要

そして、「醸成」はインプット中にもアウトプット中にも、どちらの時間にもかかわりのあるフェーズなのです。

タイムパフォーマンスに比重が置かれる今の時代ですが、速くすることができるのはインプットとアウトプットそのものの作業だけです。「醸成」のフェーズはゆっくりと時間をかけて思考を奥深く、濃厚に仕上げていくのです。

納豆や醤油を造るためには、ゆっくりと年月をかけて醸成させます。

同じく、思考を「醸成」させるためにも、時間が必要です。

モノゴトをしっかりと図解して、多視点を見つけ、構造を明らかにし、本質を可視化するのです。つまり、「じっくり図を眺める時間」が必要なのです。

時間や成果だけを気にするのは「Pmタイプ」や「pMタイプ」のリーダーの考え方です。速さだけを求めたインプットは、誰かが言っていて、どこかで聞いたことのある言葉であることがほとんどです。また、アウトプットはどこかで見たことがあるような、オリジナリティのないものばかりになっ

てしまいます。

　次世代型リーダーは、いかに自分と周囲がプロセスを楽しみながら仕事ができるかがキーポイントになります。そして、楽しみながら仕事をすることが、最もクリエイティブで、メンバーからの「共感」を得やすい瞬間なのです。

　図解は、図を「描く前」と「描いている最中」と「描いた後」の3回楽しむことができます。

　「描く前」には、目的をもう一度考え直し、図を描くために必要な情報の取捨選択をすることになります。この時点で「醸成」は始まっています。誰かから聞いた情報を鵜呑みにするのではなく、事実（ファクト）と主張（オピニオン）に分けて収集することが大事です。

　あなたにとって、ペットボトルに半分ほど入っている水が「まだ半分もある」のか、「もう半分しかない」のか、「200ml残っている」のかは、目的に応じて分類しましょう。

　「描いている最中」には、「モード1」の醍醐味を味わうことができます。どのような図を描けばいいのか、図を描こうとして足りない情報はあったのか、誤っている情報があったのかを確認することができます。

　「描いた後」は抜け漏れがないか、ロジックは成立しているか、新しいアイデアは生まれたかどうかを確認します。図を何回も描き直し、何回も眺めているうちに、思考が「醸成」され、SNSや雑誌には載っていないような「オリジナルな価値」を見つけることができるでしょう。

　次世代型リーダーに惹かれるメンバーは、リーダーが発信する魅力的な「オリジナルな価値」に共感するのです。

モード2:アウトプット するための図解

「モード2」は自分の頭の中を他者へ伝えたいときに「アウトプット」を するためのモードです。

情報はただ伝えるだけでは意味がありません。次の図に示すように、あな たが情報を相手に伝えて、相手が情報を理解して、「あなたが、相手が情報 を理解したことを理解したことを伝える」ことで初めてコミュニケーション が成り立ちます。

図3-18 コミュニケーションは1往復半

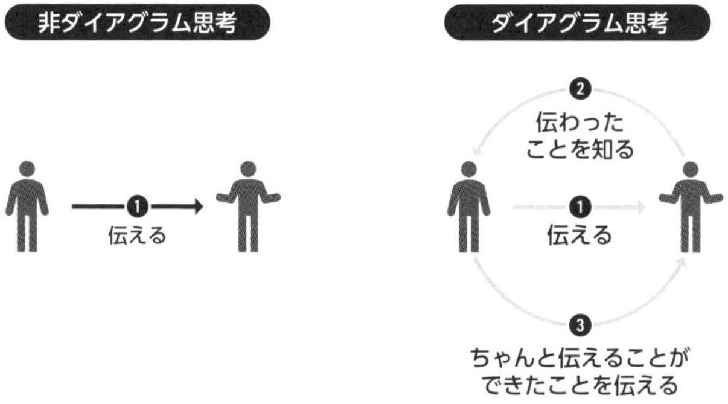

非ダイアグラム思考

①
伝える

ダイアグラム思考

②
伝わった
ことを知る

①
伝える

③
ちゃんと伝えることが
できたことを伝える

非ダイアグラム思考の人たちは、一方的に情報を伝えて満足してしまう人 たちが多すぎます。

「私が言ったから伝わっているのだ」と思い込んでしまうことは、チーム 間で認識のズレが発生してしまう原因の1つです。

次世代型リーダーは図解を活用して、「相手が理解したことを理解した」 ことを伝える**「1往復半のコミュニケーション」**の習慣を身につけましょう。

モード2の目的

ニュース配信アプリ『NewsPicks』はインフォグラフィックを取り入れた

ニュース記事の配信で比較的若い世代のユーザーを集めてきたメディアです。

『NewsPicks』では「インフォグラフィック」と呼ばれる図を多用した記事が人気です。インフォグラフィックとは、情報をイラストやグラフ、ダイアグラムと組み合わせて発信することで、より理解しやすく、興味を惹きやすいインフォメーションへビジュアライズする方法で、最近メディアからの注目を集めています。インフォグラフィックはChapter 2-2で紹介した「図の範囲」では、ちょうど「Picture」と「Diagram」が重なる間に位置します。

NewsPicks編集部インフォグラフィックス・エディターの櫻田潤氏は次のようなコメントをしています。

> 66 インフォグラフィックを作る際、読者が「最後まで読みたくなる」、「コメントしたくなる」、「ほかの記事も読みたくなる」ことを意識して作成している。 99

さらに同氏へのインタビューでは、インフォグラフィックには以下の3つのメリットがあることを語っています。

1. 興味を持って気づいてもらえること
2. そのコンテンツの内容の理解を促せること
3. 建設的な反応を得られること

このように図解を用いたアウトプットは、ニュース記事のような、堅い内容であっても、ビジュアル言語をふんだんに取り入れることでハードルを下げて伝えられるという効果があります。

あなたのプレゼンテーションの内容が専門的で難しい内容であったとしても、ビジュアルが持つ力をもってすれば、聴き手を楽しませながらメッセージを伝えられるでしょう。「モード2」の図解を用いる目的は、よりシンプルに、相手にとってわかりやすく情報を「アウトプット」することなのです。

また、図解には一瞬でモノゴトを正確に伝える力があります。実験してみましょう。次の文章を10秒間で読んでください。

現在、3件（A社、B社、C社）の面談が終わりました。予定では明日（16

日）はＤ社、明後日（17日）はＥ社でしたが、明日（16日）はＡ社から紹介されたＦ社にも伺うことになりました。そのため、今回の出張の訪問予定は全部で6件です。

17日（金）は午前中にＥ社を訪問したあと、帰京しますので夕方には事務所に着ける予定です。新商品のサンプルの反応について、面談が終わった3社のうち、Ａ社とＢ社からは高評価を得ています。

販売代理店契約を前向きに検討するという言葉をいただきました。Ｃ社について、サンプルは気に入ってもらいましたが、競合商品（Ｘ社）の代理店となっているため、契約の再検討が必要です。

さて、ほとんどの方が読み切れなかったのではないでしょうか。では下の図を10秒間見てください。

図 3-14　図解なら10秒間で理解できる

訪問予定	顧客	結果	アクション
訪問済み	Ａ社	○	契約を前向きに検討
	Ｂ社	○	契約を前向きに検討
	Ｃ社	△	契約の再検討
明日	Ｄ社	―	
	Ｆ社	―	
明後日	Ｅ社	―	

今度はほとんどの方が内容を理解することまでできたのではないでしょうか。このように図は一瞬で情報をわかりやすく伝えることができ、さらに情報を記憶しやすいことが研究により明らかになっています。

一方通行の情報伝達だけでなく、双方向のコミュニケーションでも活躍する「モード2」の図解について説明します。

モード2の利用シーン

　ダイアグラム思考「モード2」は、自分以外の誰かとのコミュニケーションが発生するどのようなシーンでも利用できます。

　また、相手がひとりであろうと、複数人であろうと関係なく、「モード2」の図解をすることができます。それでは、ダイアグラム思考「モード2」について、次の3つの利用シーンを説明します。

① 1 to 1

　ダイアグラム思考「モード2」の利用シーンについて、最もわかりやすい例は「1 to 1」のシーンです。誰かと会話をするときに図を提示するようなシーンを想定しています。

　クリストファー・ノーラン監督の『インセプション』は、私が大好きな映画です。レオナルド・ディカプリオの演じる、主人公のコブがターゲットの夢の中に入り込んで、ターゲットの潜在意識に主人公側に都合の良い情報を植え付けるというSF映画です。

　カフェで、コブが新入りのアリアドネに、夢の中に入るとはどういうことかをレクチャーするシーンがあります。そのシーンでは、コブが「夢っていうのはインスピレーションが絶えまく湧いているようなものだ」と話しながら胸ポケットからペンを取り出し、紙ナプキンに矢印を描いて説明を始めます。

　すると、コブが矢印の間の直線を描き終えた瞬間、アリアドネが「どうやって？」とすぐさま聞き返すのです。

図3-15 **映画『インセプション』のワンシーン**
参考：映画『インセプション』(2010) を基に筆者作成

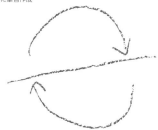

　このシーンからわかることは、**図には相手の質問を引き出す特性がある**ということです。

　一方的に喋るだけでは相手の想像力が湧きませんし、質問をするタイミングも逃してしまいます。しかし、図解によって説明を始めると、論点や情報のイメージが明らかになり、相手もどのような質問をすればいいのか具体的なイメージを持つことが可能になるのです。

　私たちにとって身近な例では、顧客へのサービス説明や上司への相談、部下への指示などの場面が考えられます。口頭だけのやり取りだけでは伝わらないような微妙なニュアンスや、会話だけでは正しく理解することが難しいような複雑なモノゴトも、図解することで認識のズレなく伝えることが可能になります。

　非ダイアグラム思考の人は、とにかくメッセージを言葉だけで伝えようとします。しかし、どんなに頑張って説明しても聴き手はメッセージを聞き逃してしまいますし、機微な情報は正確に伝わることはありません。言葉や文章だけのコミュニケーションでは、情報の正確性、抽象度、細かいニュアンスを伝える力に限界があるのです。

　また、繰り返しお伝えしますが、図解に必要な道具は、紙とペンだけです。いつでもどこでもダイアグラム思考「モード2」を使うことができる点も魅力です。

2　1 to N

　JT（日本たばこ産業株式会社）のマナー広告は皆さんも一度は見たこと

があるのではないでしょうか。

図3-16 JT のたばこマナー広告

出典：JTマナーグラフィックギャラリー
https://www.jti.co.jp/coexistence/manners/approach/graphic/index.html

　たばこに関するマナーを図解することによって、誰でも一瞬でハッとさせられるようなメッセージを多数展開しています。図によって、啓もうを目的としたマナー広告としてだけではなく、商品やサービスの機能や特長を視覚的に説明すプロモーションのツールとしても、購買者に与える印象を効果的に高めることができます。

　プレゼンテーションや成果発表、勉強会や講習での登壇など、あなたが主役となって複数人の聴き手に向けて情報を伝えなければならないシーンが「1 to N」の想定シーンです。

　1 to 1のシーンとは異なり、ひとりの聴き手に集中して話しかけることができません。さらに、聴き手の興味や性格が異なる場合は、伝えたい情報のまとめ方の難易度は急激に跳ね上がります。

　こんなときにこそ、ダイアグラム思考の「モード2」を用いることで、メッセージを短時間かつ正確に伝えられるようになります。

　これはビジネスシーンだけでなく、学校教育での授業や教材においても同様です。

　また、企業が発信する広告やPRも「1 to N」の図解シーンです。事実、プロモーション広告にも図解はふんだんに使われています。

　さらに、ダイアグラム思考「モード2」はスポーツでも用いられています。

　サッカーの監督は、ハーフタイムの短い時間の中で複数人いる選手たちに

素早く、正確に戦略・戦術の変更を伝えなければなりません。言葉だけでは選手たちの認識にズレが生じてしまう可能性があるため、ホワイトボードに選手たちの動きを描くことで正確な指示を出しています。また、ハーフタイムは10分〜15分と非常に短い時間ですので、効率よく詳細な指示を伝えるためにも図解が用いられているのです。

③ N to N

複数人での会議やディスカッションなどのシーンが「N to N」です。

誰でも自由に発言できる機会があると議論は白熱しやすくなり、内容が発散する傾向が高くなります。また、議論が白熱しすぎてしまうと発言の矛先が議題ではなく、人に向けられてしまう経験をされた方も多いのではないでしょうか。

そのような場合は、会議中にホワイトボードに図を描きながらファシリテーションをすると議論を時間内にまとめられます。次の図のように、意見の矛先がホワイトボードの図に集中することで個人攻撃されることなく論理的に会議を進めることが可能です。

図 3-17 図は議論に集中させる

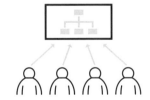

議論が空中戦になると
対象が人対人の
言い合いになってしまう

図に注目させることで
同じ方向に議論を
集中させることができる

また、図解はプロジェクト推進をする際に非常に有効なツールであり、思考プロセスです。

次世代型リーダーはプロジェクトマネージャーとしても期待される存在です。プロジェクトマネージャーがプロジェクトを成功に導くためには、プロジェクトの理解とコミュニケーションが非常に重要です。

International Journal of Managing Projects in Businessに寄せられた、ノルウェー科学技術大学のアスビョルン・ロルスタダス名誉教授らの最新の研究があります。

彼らの研究では、**「図解は複雑なプロジェクトの要素やプロセスを、視覚的にわかりやすく伝えることができ、プロジェクトの進行把握や協力者間のコミュニケーションを改善するために有効である」**ことを示しています。

実際に、私もプロジェクトマネジメントを円滑に推進するために、数多くの図解に助けられてきました。プロジェクトマネジメントは、次世代型リーダーが避けて通ることができないM機能のタスクです。ダイアグラム思考「モード2」の「N to N」の利用シーンを思い出して、積極的に図解してみましょう。

モード2のメリット

　ダイアグラム思考「モード2」は、自分の内側の世界を頭の外側に写すことができる魔法のようなツールです。さながらペンは魔法のステッキのようなものです。

　「モード2」にはプレゼン、報告、会議、プロジェクトマネジメントなど、さまざまな利用シーンがあることを紹介しましたが、具体的にどのようなメリットがあるのかを詳しく紹介しましょう。「モード2」には代表的なメリットが5つ存在します。

① 認識のズレを防ぐことができる

　私がIT企業の入社3年目になり、ある程度ひとりで営業の仕事ができるようになった頃、二度と思い出したくないような大失敗をしました。

　長年、お付き合いのある顧客へのシステム納品の期限が近づいていました。開発から「リリース」は余裕で間に合うと聞いていたので安心しきっていた私に、突然、運用責任者から「システムのリリースはまだか？」との連絡が入りました。

　状況をイマイチ理解できないまま、開発責任者と運用責任者とともに緊急ミーティングを開くことになりました。

　そこで明らかになったショッキングな真実は、想像もつかないほど深刻でした。なぜならば、各担当者間で「リリース」という**言葉の意味合いに認識のズレ**があったからです。

　下図に示すように、開発責任者の「リリース」は、プログラムコードを書き終えて開発が完了している状態を指し、運用責任者の「リリース」は、検証環境でのテストが完了している状態を指し、私の「リリース」は、本番環境でのテストが完了している状態をそれぞれ指していたのです。

図 3-18 リリース時期の認識がズレていた

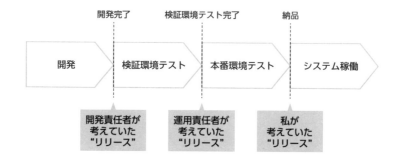

　こうした認識のズレは、早い段階で図を描いていれば防げたはずです。

　結局、顧客への納品は予定よりも2か月遅れるという最悪の事態を招いてしまいました。

　こうしたトラブルを未然に防ぐには、開発責任者、オペレーション責任者、営業責任者それぞれの認識の違いを考慮することが必要だと学びました。もし、このときに、ダイアグラム思考を働かせていれば、情報をビジュアル化し、わかりやすく共有し、認識のズレを防ぐことができたことでしょう。

　次世代型リーダーには、積極的に頭の中身を図解としてアウトプットすることで、自分だけでなくチームの共通認識をできる限り早めに作り上げていく意識を持つことが大切です。

　また、ボイシ州立大学で博士号を取得し、ソフトウェアエンジニアでもあり、コンサルタントトレーナーでもあるカール・ヴィーガースらの研究で興味深い事実が示されています。

　彼らは、「ソフトウェア開発の上流フェーズである要求抽出において、認識の齟齬が発生した場合、後工程で新たな要求の追加や変更による手戻り作業の原因となり、ソフトウェア開発の遅れや不要なコスト増加に結びついてしまう」ことを研究によって明らかにしています。

　さらに、彼はソフトウェア開発の手戻りコストは、全体の開発コストのうち、「約30%から50%を消費してしまう」ことに警鐘を鳴らしています。

　また、次の図を見てください。

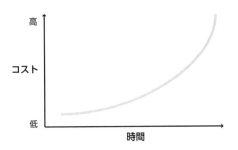

図3-19 プロジェクト後期になるほど
手戻りコストが増加する

参考：Boehm, B. W. "Software engineering economics
(Prentice-Hall, Inc., Englewood Cliffs, New Jersey, USA)."
(1981).を基に筆者作成

　南カリフォルニア大学のシステムおよびソフトウェアエンジニアリングセンターの創設ディレクターである、バリー・ウィリアム・ベーム教授は、次のような研究結果を示しています。

　プロジェクトの進行に伴い、「**プロジェクト初期フェーズに影響を与える手戻りコストがプロジェクト後期になるほど、指数的に増大する**」ことをシステム開発プロジェクトの実績データから示しています。

　アウトプットする図はどんなに汚くてもかまいません。

　ダイアグラム思考「モード2」によって小刻みに、どんなタイミングでもいいので図をアウトプットして共有することで認識のズレを早期に正し、手戻りのリスクを低減することが次世代型リーダーに求められる「M機能」の危機管理能力の1つでもあります。

　2　相手が情報を記憶しやすい

　ちょっとした実験をしてみましょう。

　「あなたがインストールしているスマホアプリの数を教えてください」。

　そう問われたら、あなたは自分のスマートフォンのホーム画面を頭に思い浮かべて、1つ1つアプリの数を数え出したのではないでしょうか。

　人間は記憶を呼び起こす際には数字や音声ではなく、映像を呼び起こそうとします。つまり、特定の記憶に紐づけされる映像があるほど、記憶を辿りやすい性質があるのです。図解は記憶を補助する最適なツールとなるのです。

　シアトルパシフィック大学脳応用問題研究所所長で『ブレイン・ルール』

の著者ジョン・メディナの実験によると、図を用いたプレゼンテーションは、文字と言葉だけによるプレゼンテーションと比較したとき、著しく記憶効率がよくなることがわかりました。

具体的な数値を挙げると、次の図に示すように、言葉だけの伝達では72時間後、そのうちの10%しか記憶に残っていませんが、これに図を加えた場合、65%が記憶に残るという結果が出ています。

図 3-20 図は記憶効率が高い

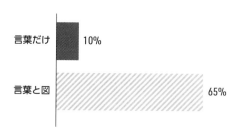

参考：ジョン・メディナ (2009)
『ブレイン・ルール―脳の力を100%活用する』(NHK出版) を基に筆者作成

また、カリフォルニア大学の心理学者である、メアリー・ヘガティ教授らの研究では、**「図解には外部記憶を利用できる効果」** も存在することを示しています。

彼女らの研究では、次の図のような、滑車を使った問題文を被験者に読ませてから、問題に回答してもらうプロセスを観察しています。被験者は2つの群に分けられ、1つは問題文のみを与えられて回答する群、もう1つは問題文と、問題文を図解した図を見ながら問題を解く群です。

滑車が左から順にA～Fの6つあり、順番通りに天井から伸びたロープがかけられており、最後にFから伸びたロープが握られている。B、D、Fは天井から吊られている。A、C、Eは棒で連結されており、そこから60kgの重りが吊られている。この場合、何kgの力で握られたロープを引けば重りを持ち上げることができるか。

図 3-21 図には外部記憶を利用できる効果がある

参考：Hegarty, Mary, Patricia A. Carpenter, and Marcel Adam Just.
"Diagrams in the comprehension of scientific texts." (1991).を基に筆者作成

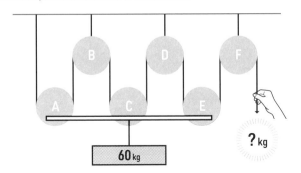

結果は、問題文と図解を与えられた群のほうが、問題を解く作業に集中できました。

滑車の問題のように、複雑な仕組みを文章だけで理解しようとしていくと頭の中に滑車の構造を描きながら問題を解く必要が出てきてしまいます。

ワーキングメモリのときと同じく、図解による「外部記憶性」を利用することで、問題の解決に専念できるのです。

③ 瞬間的に情報を検索することができる

あなたが道を尋ねられたときに、「うーん、地図があったら説明が楽なのに！」と感じたことがあるのではないでしょうか。

図によって情報を瞬間的に検索できることを示している研究を紹介しましょう。

米国のカーネギーメロン大学のジル・H・ラーキン教授とハーバート・A・サイモン教授は心理学における図解の研究で数々の功績を残しました。数ある研究の1つして、**「図の利点は情報の明示性による計算効率と探索効率の良さである」**という結論の論文を書いています。

まずは次の文章を読んでみてください。

認可保育所を利用している方もたくさんいらっしゃいます。改めて仕組みを説明しましょう。利用者は保育所に直接申し込むのではなく、自治体

などの行政に申し込み、保育料も自治体に支払っています。

　そして、自治体から保育所に「来月は○○さんというお子さんが入所します」という連絡が入ります。料金は利用者から自治体へ、自治体から保育所へ渡されて運営するという仕組みなのです。

読み終えたら、次の図を見てください。

図3-22 図解すると情報の探索が速くなる

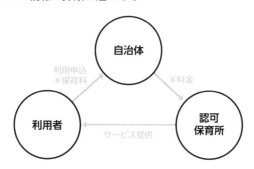

　そして「認可保育所は誰から料金をもらっているでしょうか？」という問いに答えてみましょう。

　非ダイアグラム思考の人は、最初の文章だけで考えてしまいます。

　しかし、ダイアグラム思考の人は、図でモノゴトを考えます。「文章だけ」の場合と、「図がある」場合を比較すると、圧倒的に図を参照したほうが目的の情報を探し出すことが速くできたのではないでしょうか。

　ちなみに、彼らは『Why a Diagram is（sometimes）Worth Ten Thousand Words』、「図が（場合によっては）1万の言葉の価値がある理由」という素晴らしいタイトルの論文を書いているので、気になる方は読んでみてください。

　さらに、図解による瞬間検索性はエンタメの世界でも応用されています。

　任天堂Switchの大ヒットシリーズである『スプラトゥーン』はフィールド上のマップをインクで塗り合い、塗った面積の広さを競うユニークなシステムの対戦型シューティングゲームです。

　プロデューサーの野上恒氏が日本経済新聞のインタビューの中で大ヒットの理由の1つについて語っています。それは対戦中の**「攻勢状況の可視化」**

です。

　対戦型のシューティングゲームは一般的に勝ち負けのリアルタイムな状況がわかりにくいのですが、『スプラトゥーン』の場合は、子どもでもわかるように「色の面積」によって、対戦の状況を可視化したのです。

　このシステムによって、複雑な指標やゲージを見なくても直感的に状況を把握できるようになっています。

④ 議論を効率化することができる

　図解を用いることで会議の時間を「劇的に短縮」することができたという研究があります。

　ハーバード大学やコロンビア大学で教鞭をとった米国の視覚言語方法論で知られるロバート・E・ホーンという研究者がいます。

　彼が1999年に、ペンシルバニア大学ウォートンスクール研究所にて発表した『Visual Language : Global Communication for the 21st Century』では**「会議でビジュアル言語を使うと24％もの時間を短縮できる」**ことを示しています。

　なんと、約4分の1もの時間を短縮することができたのです。

　タイムマネジメントもリーダーの重要な仕事です。次世代型リーダーは無駄な時間を減らして、本質的な時間を捻出することで、メンバーからの「共感」を得ることが可能です。

　図解を使って、会議時間を効率的に使いましょう。

⑤ 相手が勝手に情報を保管してくれる

　私がコンサルタントの仕事にも慣れてきたあるとき、とある大手家電メーカーの顧客を引き継ぎました。前任者によると、この顧客はなかなか情報を引き出せないことで有名とのことでした。

　実際に顧客を訪問してみると、その噂が本当だったことがわかりました。

　私が人事システムに関する課題を引き出そうとヒアリングしても「うーん、そうかもしれませんね」「そこまで困ってないですよ」と、曖昧な回答をするだけで、黙り込んでしまうような顧客でした。

そこで、私はある作戦を練ってから後日再訪問しました。その作戦とは「ホワイトボード作戦」です。

早速、再訪問のアポを取り、意気揚々と顧客を訪問しました。私は「今から御社の課題を可視化しますので、少々お待ちください」と伝え、顧客オフィスにあるホワイトボードに、人事システムを利用する関係者を黙々と描き出していきました。そして、それぞれの登場人物が相手に期待していることを矢印でつないでいったのです。

すると、前回は黙り込んでいた顧客が、私がまだ何も質問していないのにも関わらず、ホワイトボードを指さしながら、「ここは違います」「この人はこっちに指示を出しているんです」と急に元気になり、私に図の訂正を求めてきました。

私は顧客の指示する通りに図を何度も描き直していきました。そして、1時間ほど経過した頃には、立派な課題マップが出来上がっていたのです。

この顧客のように、**図を見せながら説明をすると、人は誤っていることには修正を、正しいことには相槌を打ってくれるようになります。**つまり、図解には情報の補完性があるのです。

次世代型リーダーは「自己犠牲型リーダー」や「他力本願型リーダー」のように、メンバーに対して事細かく指示を出したり、過度に信頼しすぎてしまう必要はありません。

メンバーと図解を用いて向き合うことで、自分の足りていない部分を補完してくれるような、「共感」をメインにした関係性を構築しましょう。

マインドセットとしての
モード2

　一時期、外資系コンサルタントのパートナーと案件をともにすることがありました。当時のミーティングを振り返ると、信じられない量の「図」が飛び交っていました。あらかじめ準備されている資料には必ず「図」が挿入されており、ミーティング中も「図解」が繰り広げられていました。彼らは「図」→「図解」→「図」→「図解」とテンポよくダイアグラム思考の「モード2」を使いこなしていました。

　言葉だけのコミュニケーションでは、私たちを取り巻く大量の情報を正確に伝えることは難しいでしょう。次世代型リーダーたちは、言葉だけではなく図を用いたコミュニケーションにより、メッセージを発信するスタンスが求められます。

「図解コミュニケーション」を習慣化させる

　プロジェクトの手戻りや、人間関係の悪化など、チームにとってマイナスとなる事象が発生する原因は「認識のズレ」であることが多いです。

　よくある「言った言わない問題」などは最たる例で、このような問題に時間を使っていられるほど暇ではないはずです。

　自分にとっては「ちょっとした用事」でも、メンバーにとっては「重要な用件」であることも珍しくありません。

　このような「認識のズレ」を回避するためにも「図解コミュニケーション」を習慣化しましょう。

　図によって伝えることを習慣化すると、驚くほどコミュニケーションミスを削減できます。

　さらに、あなただけが図解コミュニケーションを習慣化するのではなく、チームメンバー全体にダイアグラム思考によるコミュニケーションを習慣化させましょう。すると、自分の目の届かない場所でも認識のズレはなくなっていき、理想的な「能動的に動けるチーム」が完成します。

　従来型のリーダーであれば、リーダー自身が意思やメッセージを持っていなくても、さらに上の役職者からの指示があれば行動することができていました。しかし、次世代型リーダーは「人を惹きつけるリーダー」でなくてはなりません。

　そのためには、常に「自分はこうしたい」、「あなたにこうしてほしい」というメッセージが必要になります。そして、メッセージを発信していれば「共感」が生まれます。

　ビジュアル言語を持たない、非ダイアグラム思考のリーダーはメッセージを発信することが苦手です。

　ダイアグラム思考を身につけたリーダーは「モード2」によって、自分のメッセージを起点としたコミュニケーションができるでしょう。

　ダイアグラム思考「モード2」を活用する次世代型リーダーは、非ダイアグラム思考のリーダーに比べて、発信力だけでなく求心力やリーダーシップで圧倒的な差をつけられるようになります。

　そして、最終的にはチーム全員がダイアグラム思考を使えるようになることで、「次世代型チーム」が生まれるはずです。

Chapter

4 / ダイアグラム思考の プロセス

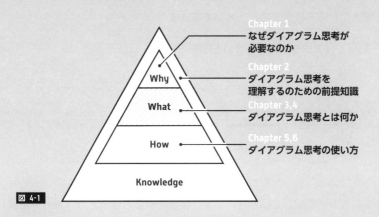

Chapter 1
なぜダイアグラム思考が
必要なのか

Chapter 2
ダイアグラム思考を
理解するのための前提知識

Chapter 3,4
ダイアグラム思考とは何か

Chapter 5,6
ダイアグラム思考の使い方

Why
What
How
Knowledge

図 4-1

　とある会議で、部下がマシンガンのようにまくし立てながら、彼が担当
している案件の説明をしてきました。私は耳を塞ぎたくなるのをこらえて、
「ホワイトボードに図を描いてゆっくり説明してくれる？」と言いながら
ペンを渡しました。

　すると、さっきまでものすごい勢いがあった彼はペンを握ったまま、真
っ白なホワイトボードの前で立ち尽くしてしまいました。

　あなたは、図解はとても複雑な行為で、飛行機のパイロットのように選
ばれた人しかできない高等なテクニックだと思い込んでいませんか。

　それは誤りです。図解はたった3つのSTEPで描くことができるのです。

　ダイアグラム思考は美的センスや絵心がない人でも、すぐに図解ができ
るように、体系化された思考法です。早速3つのSTEPを確認してみましょ
う。

STEP1
モード選択

　ダイアグラム思考は3つのSTEPであらゆるモノゴトを素早く「多視点から構造化して可視化する」ことができます。

図 4-2 **ダイアグラム思考 3 つの STEP**

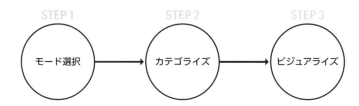

　モノゴトを図解したいとき、まず、最初にやるべきことは**「モード選択」**です。ダイアグラム思考の「モード1」と、「モード2」のどちらのモードで図解を始めるかを決めることです。

　なぜ、図解を始める前にどちらのモードを使うのかを決めなければならないのでしょうか。それは図解の過程で意識すべきポイントがモードごとに異なるからです。

　ぼけーっと朝の情報番組を見ていると、占いのコーナーが始まりました。しかも、占いの結果は最下位でした。最悪です。アナウンサーによると挽回するためのラッキーカラーは「赤」とのことでした。

　その日から1日中、なんだか赤いものが気になってしまいました。普段は目にも留めないような郵便ポストや赤い看板、赤い車が、次々と意識の中に入り込んでくるのです。

　話を戻しましょう。ダイアグラム思考のモードを選択することで**「カラーバス効果」**と呼ばれる心理学効果による現象を引き起こすことができます。

　カラーバス効果とは、ある特定のモノゴトを意識し始めると、そのモノゴトに関する情報が無意識に目に留まりやすくなる心理効果を指します。そうです、占いのラッキーカラーを気にしてしまった私のことです。そして、カ

ラーバス効果は色だけに限定した効果ではありません。

カラーバス効果には、意識を向けた特定のモノゴトに関連する、視覚・聴覚などから得られる情報を無意識のうちに収集し、積極的に認識するという効果があります。

つまり、ダイアグラム思考においても、自分がどちらのモードで図解を始めるのかを明確に意識することで、図解していくプロセスで得ることができる気づきの量が圧倒的に高まります。

どちらのモードを選択しても、次の図のように、後続するダイアグラム思考のSTEP2とSTEP3の内容は変わりません。ただし、前提として、自分がこれから「どちらのモードで図解するのか」という意識を必ず持ちましょう。

図4-3 STEP1でどちらを選択してもプロセスは変わらない

ダイアグラム思考の「モード1」は「自分の理解のための図解」です。

ですので、モノゴトを図解するプロセスが重要になります。図解した情報に抜け漏れがないかどうか、論理矛盾がないかどうか、あるいは新しい発見を見つけることができたかどうかを意識します。

一方、ダイアグラム思考「モード2」は「他者に共有するための図解」です。

ですので、モノゴトを図解したアウトプットが重要になります。情報を正確に図解できているかどうか、わかりやすくシンプルになっているかどうかを意識することが必要になります。

メッセージの
ワンライン化

　目的がないのに包丁をぶら下げているだけでは、ただの危険人物ですが、最高の料理を作りたいという目的があれば、最高の包丁が必要になります。最高の料理が刺身であれば、刺身包丁が必要になります。もしくは最高の料理が中華料理であれば、中華包丁が必要になります。

　あくまで図解は目的ではなく、「ツール」です。

　あなたが何をしたいのか、どのようなメッセージを理解したい、あるいは伝えたいのかによって、形を変えます。逆に言えば、あなたの「メッセージ」がなければ、図解は最適な形を選ぶことができないのです。

　ダイアグラム思考に慣れている方は、STEP1でモード選択をすれば、そのままSTEP2に進めますが、初心者の方はSTEP2に進む前に自分が理解したい、あるいは相手に伝えたいメッセージを**「ワンライン化（一行にする）」**しておくことをおすすめします。

　メッセージのワンライン化とは、情報から無駄な部分を削り出して、メッセージを抽出し、研ぎ澄まされた状態にすることを指します。

　あらゆるモノゴトにおいて、「つまり何？」を突き詰めていくと、対象となる情報から理解したい、あるいは伝えたいメッセージをたったの一行で表現できるようになります。

　例えば、次の文章をダイアグラム思考によって図解してみましょう。

　おいしいコーヒーの淹れ方はコーヒー豆を選ぶことから始まります。豆は浅煎り・中煎り・深煎りの3種類があります。購入方法は手間がかからないが、香りが弱くなる粉と手間がかかるが香りが強い豆の2種類があります。さらにお湯を淹れてから蒸らす時間が長ければ長いほど苦味とコクが強くなり、短いとあっさりとした味わいが楽しめます。

　次の図のように、この情報を丸ごと全部図解しようとすると、情報の対象範囲が広がりすぎてしまい、図解できなくなってしまいます。

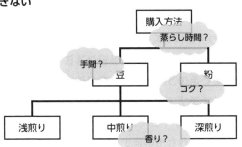

図 4-4 対象範囲が広すぎると
図解できない

　はじめに、図解の対象となる情報から無駄を削ります。原則として、無駄な情報が多いと図解の難易度は上がります。逆に図解できる状態になっているということは、情報をシンプルに捉えられていて、メッセージをワンライン化することができているということです。

　「おいしいコーヒーとは」というテーマから本当に理解したいメッセージだけを抽出し、無駄をそぎ落とし、次の文章だけを残したとしましょう。

> 66　購入方法は手間かからないが、香りが弱くなるものと手間かかるが香りが強いものと種類があります 99

　すると、次のように図解できるようになります。

図 4-5 メッセージを絞り込めば図解できる

コーヒーのメリット・デメリット

おいしいコーヒーの淹れ方はコーヒー豆を選ぶことから始まります。

豆は浅煎り・中煎り・深煎りの3種類があります。

購入方法は手間がかからないが、香りが弱くなる粉と手間がかかるが香りが強い豆の2種類があります。

さらにお湯を淹れてから蒸らす時間が長ければ長いほど苦味とコクが強くなり、短いとあっさりとした味わいが楽しめます。

コーヒー豆の粉と豆には、
それぞれメリットと
デメリットがある

	メリット	デメリット
粉	手間が かからない	香りが弱い
豆	香りが強い	手間が かかる

　このとき、あなたの「メッセージを1つに絞り込む」ことがとても重要です。言い換えると、絞り込んだメッセージ以外の情報は捨てるということです。

　図解をするためには、あれもこれも図解したいという気持ちを捨て去り、1つのメッセージだけに集中しなければなりません。そして、メッセージを絞り込むだけでなく、メッセージを「ワンライン化」することで、より無駄のないシャープな情報に研ぎ澄ましていきます。

　どうしても捨てたほうの情報も図解したいのであれば、2つ目の図解を始めましょう。「図が2つになっているから困る」という人はほとんどいないはずです。

　欲張らずに1つずつシンプルに図解するマインドが大事です。

情報のクリスタライズ

　ワンライン化するためには対象となる情報源からメッセージに関係のない部分を躊躇なく削っていくことが重要です。

　このような作業を「**クリスタライズ**」と呼びます。

　クリスタライズと間違われやすい作業が「サマライズ」です。

　下の図に示すように、サマライズとは情報の抽象度を上げてまとめ上げることを指しますが、クリスタライズは躊躇することなく、具体のまま、必要のない情報を捨てる作業を指します。クリスタライズをするために高度なロジカルシンキングは必要ありません。

　必要となるのは、あなたの「今回、この情報は図解しない」という強い意志です。

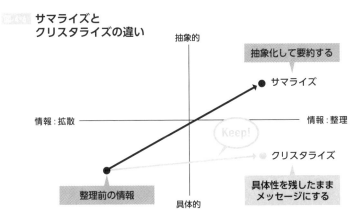

図 4-4　サマライズと
クリスタライズの違い

　グレッグ・マキューンは世界中でベストセラーとなっている『エッセンシャル思考』の著者です。エッセンシャル思考とは「必要なことだけやるべし」という思考のことです。彼はAdobe、Apple、Google、Facebook（現Meta）、PIXAR、Salesforce.com、Symantec、Twitter（現X）、VMware、Yahoo!など名だたる企業のコンサルティングをしてきました。著書の中で次のように語っています。

図解をするためには、必要不可欠なモノゴト以外を切り捨てる強い意志が
求められます。決断力は次世代型リーダーにおいて重要なスキルです。モノ
ゴトを構造化して、構造に含まれない些末な事象は思考の外に追いやらなけ
れば、本質を探究することはできません。

とはいえ、メッセージのワンライン化にトライしてみると、どうしても1
つのメッセージに絞り込めない場合もあります。そのような場合は下図のよ
うに、対象のモノゴトを1メッセージになるまで分割を繰り返しましょう。

図 4-7 1メッセージになるまで分割する

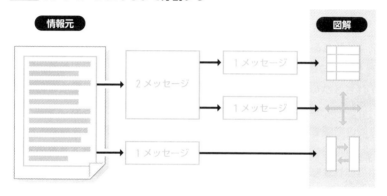

1つの図で複数のメッセージを表現することも可能ですが、難易度は急激
に跳ね上がります。

1つの情報源から複数の図が生まれることは、全く悪いことではありません。
メッセージを分割することによってワンライン化された結果、「1メッセー
ジ1図解」になるよう目指しましょう。

ただし、「メッセージをワンライン化してください」と言われても難しい
でしょう。図解の対象となるモノゴトをワンライン化するためのコツとなる
3つのポイントを紹介しましょう。

1. 体言止めにしないで用言で終わらせる
2. 意味の曖昧な言葉は使わない

3. メッセージを1つに絞る

　メッセージをワンライン化する際は、「体言止めするのではなく、用言で終わる」ようにしましょう。例えば、以下のようなワンラインが考えられます。

NG：COVID-19新規感染者とワクチン接種者数の関係
OK：COVID-19新規感染者はワクチン接種者数が多ければ少なくなる傾向にある

　NG例の場合は、ただ2つの要素に何かしらの関係があることしかわかりません。しかし、OK例のワンラインからは明確に2つの要素の関係がどのように作用しているのかについてのメッセージが含まれています。
　このように、簡単にワンラインに意味を持たせることができる手法が、「体言止めにせずに、用言で終わらせる」ことなのです。

　いわゆるビッグワードと呼ばれる、抽象度が高く、さまざまな解釈が生まれてしまうような「便利な言葉」を使うことは避けましょう。
　私が営業をしていたときの上司の口癖は「顧客価値を最大化するためのセールス戦略を検討しましょう」でした。もっともらしい言葉に聞こえますが、「顧客価値」、「最大化」、「セールス戦略」、「検討」のようなビッグワードが並びすぎてしまい、具体的にどのようなアクションをしてほしいのかがわかりませんでした。
　この上司のように、ビッグワードの多用はメッセージを濁してしまう恐れがあるため、次のようなワンラインを作成するように心がけましょう。

NG：A社は新製品の営業戦略を検討している

OK：A社は新製品の販路拡大のためのパートナーを売上規模の視点から選定している

　OK例のように言葉の意味をしっかりと理解しながらメッセージを「ワンライン化」することで、STEP2以降のプロセスが進めやすくなります。

　すでに、お気づきの方もいらっしゃるかもしれませんが、まだ図解を描いていないのに、ダイアグラム思考「モード1」の「自分の理解のための図解」に対して整理ができ始めています。

　ダイアグラム思考はあくまで目的を達成するために図解する思考法です。すでに、図解の前準備の段階からダイアグラム思考は始まっているのです。

③ メッセージを1つに絞る

　3つ目のポイントは、「メッセージを1つに絞り込むこと」です。

　先ほど「メッセージは1つに分割する」と述べた通り、早速具体例から見ていきましょう。

NG：X社は生産力を3倍に伸ばし2022年に中期経営計画を立案したが、弱みは営業力である

OK：①強みは3倍に増強した生産力である②弱みは営業力である③2022年に中期経営計画を立案した

　NG例のワンラインを読み解いていくと、OK例のようなメッセージが3つも含まれていることがわかります。STEP1の時点で、メッセージが「ワンライン化」されていないことに気が付かなくても、STEP2やSTEP3まで進むと、「ワンライン化」の工程が甘かったことに気が付きますので安心してください。

　ダイアグラム思考を使っても初心者の方が図解できない理由は、テクニックや習熟度が原因ではなく、そのほとんどが「メッセージを1つのワンラインに絞り込めていない」からです。

　図解がうまくいかないときは、何度でもSTEP1に戻って、自分はどちらのモードで図解をしようとしているのか、メッセージはワンラインに絞り込めているのかを確認しましょう。

ダイアグラム思考のプロセス

STEP2
カテゴライズ

Chapter 4 / Section 4

　モードの選択が完了し、メッセージのワンライン化ができたら、次に
STEP2のカテゴライズをしていきます。

　カテゴライズでは、あなたが図解したいモノゴトが、次に示す**「7つのビジュ
アルカテゴリ」**のうち、どれに該当するのかを決めていきます。初心者の方
はワンライン化したメッセージを見ながらカテゴリを選ぶとよいでしょう。

図4-8　7つのビジュアルカテゴリ

カテゴリ	比較	推移	階層
よくある事例	競合比較 優先順位整理 ポジショニング	業務フロー プロセス ステップ	ヒエラルキー プロトコル 組織
名称	2軸図	プロセス図	ピラミッド図
フレーム			

分類	構成	相関	範囲
組み合わせ ケースの想定 パターン分け	論理・ロジック 施策体系図 原因分析	ビジネスモデル 利害関係図 ヒト・モノ・カネ・ 情報の動き	統計・分析 条件分け 重なり
マトリクス図	ツリー図	モデル図	ベン図

1

2

3

4

5

6

ビジュアルカテゴリは、**比較、推移、階層、分類、構成、相関、範囲**の7つあります。

どんなに複雑かつ大規模なテーマでも、無駄な情報がそぎ落とされて、メッセージが1つに絞り込まれて、「クリスタライズ」されている状態であれば、必ず「7つのビジュアルカテゴリ」のどれかに当てはまります。逆に、メッセージがどのカテゴリにも属さない、あるいは複数のカテゴリをまたいでしまう場合は、メッセージの絞り込みが足りない状態だと言えます。

「7つのビジュアルカテゴリ」には、図解のフレームワークが漏れなくついてきます。図解が、特別な限られた人にしかできない行為だと思われてしまう理由の1つに「たくさんの図形の組み合わせを考えなければならないから」という理由が挙げられます。

しかし、ダイアグラム思考では、ビジュアルカテゴリに記載されている図形を用いるだけで図が完成する仕組みになっているので、図形の使い方で躓いてしまうことはあり得ません。

世の中には、複雑で緻密な図形を用いた図解も存在しますが、それらの原型を辿ると、「7つのビジュアルカテゴリ」に行き着くことがわかります。

ある程度図解に慣れてくると、『NewsPicks』に登場する、「インフォグラフィック」のような図に挑戦したくなります。しかし、まずはすべての図解の原型である「7つのビジュアルカテゴリ」をマスターすることが、ダイアグラム思考を使いこなすための近道となるのです。

事実、「ビジュアルカテゴリをそのまま使う図解」と、「ビジュアルカテゴリのちょっとした応用の図解」の2種類の図解で私が描く図の約9割を占めています。

ビジュアルカテゴリは
図を最適化する

乗用車は4つのタイヤで走るボディが一般的です。

マグカップはコップに1つの持ち手がついている形が一般的です。

モノゴトは試行錯誤を繰り返しながら、「ある安定する形」に収束していきます。図解も同じく、ダイアグラム思考のプロセスを最適に導くための形が「7つのビジュアルカテゴリ」です。「ワンライン化したメッセージとビジュアルが合致」することで、初めて図に意味を持たせることができるのです。

図解にはアフォーダンスが求められる

ある日、ランチで中華屋に入ろうとしたとき、ドアを押しても開きませんでした。さらに、引いても開くことはありませんでした。店内に入れずグズグズしていると、後ろの人が見かねてドアを開けてくれました。そのドアは横にスライドするタイプの引き戸だったのです。そのまま真っ赤な顔の私は席に案内されました。

デザインやアクセシビリティの分野には、**「アフォーダンス」**という言葉があります。

アフォーダンスとは製品や環境に備わる物理的特徴のことです。

次の図のドアノブを見れば、このドアが「押す」タイプなのか、「引く」タイプなのか一目瞭然です。このように望ましいアフォーダンスを持つ製品や環境は、ユーザーが直感的に使いこなすことができます。一方、望ましくないアフォーダンスを持つ製品や環境はうまく機能してくれません。

1

2

3

4

5

6

　これは図解も同様です。図解におけるアフォーダンスは、「メッセージに対して望ましい表現ができているかどうか」で判断することができます。

　つまり、「モード1」で自分が理解したいメッセージや、「モード2」で相手に共有したい「メッセージと図解が一致していること」が重要なのです。

　せっかく、「クリスタライズ」して「ワンライン化」したメッセージと、選択したビジュアルカテゴリの組み合わせが間違っていたら台無しです。図解のアフォーダンスを確立するためには、「7つのビジュアルカテゴリ」を利用することが最も近道なのです。

図解の答えは1つではない

　では、図解の対象となる情報によって、選ぶべきビジュアルカテゴリはあらかじめ決まっているのでしょうか。

　答えは「No」です。次の図のように、同じ情報源だとしてもワンライン化したメッセージによって、選ぶべきビジュアルカテゴリは異なります。

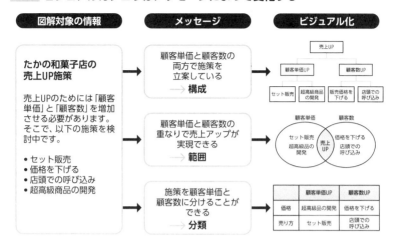

図 4-10 ビジュアルカテゴリはメッセージによって変化する

図解に1つの答えはないので、自分が頑張って絞り込んだメッセージを、最も気持ちよく図化してくれるビジュアルカテゴリを見つけられるよう、自由に思考を広げましょう。

もちろん、図解をしている間にメッセージが異なることもよくあります。そのようなときは、もう一度メッセージを作り直すか、「ワンライン化」にトライするなどして、STEP1の「モード選択」をやり直してみましょう。

1

2

3

4

5

6

ダイアグラム思考のプロセス

STEP3
ビジュアライズ

　古代ローマに活躍した喜劇作家、プブリウス・シルスは「じっくり考える時間は、時間の節約になる」という言葉を残しています。

　図解というアクションの3分の2は準備作業です。

　準備さえしっかりしていれば、図解は簡単に描くことができます。逆に言えば、準備ができていないと、いざペンを手にとっても、目の前の真っ白な紙と向き合い続ける空白の時間が流れ続けることとなります。

　「7つのビジュアルカテゴリ」は、次の図のように3つのアクションをすることで図を完成させることができる設計になっています。たったの「3つのアクション」さえあれば、あらゆるモノゴトから抽出して、ワンライン化したメッセージを7つのビジュアルカテゴリによって図解することが可能です。それぞれのビジュアルカテゴリごとの詳しい特長や使い方、3つのアクションはChapter 5で紹介します。

図4-11 ビジュアルカテゴリごとの3つのアクション

カテゴリ	名称	フレーム	3つのアクション
比較	2軸図		
推移	プロセス図		
階層	ピラミッド図		
分類	マトリクス図		
構成	ツリー図		
相関	モデル図		
範囲	ベン図		

図を描き始める前に、図解のタイトルを考えましょう。

シンプルな雑貨に「無印良品」というタイトルをつけることで、消費者の関心が高まりました。

同様に、図解にタイトルをつけることは「メッセージと図解の関係性」を一目で確認できるため重要です。

「ワンライン化」したメッセージと、図解タイトルと、図そのものの関係性を次の図に示します。

特に「モード2」の場合は、相手にわかりやすく、シンプルに情報を伝えることが重視されます。ですので、メッセージと図解の関係性を伝えるために、図解にタイトルをつけて、それぞれを紐づけする作業は必須となります。

ここで気を付けたいのは、図解タイトルは客観的なタイトルをつけなければならない点です。

これまで、メッセージの「ワンライン化」は、あなたが理解したい、もしくは伝えたい主張そのものでした。しかし、次の図に示す例のように、図解タイトルはできるだけ簡潔かつ客観的に俯瞰した「主張のない」タイトルにします。

図4-12 図解には必ずタイトルをつける

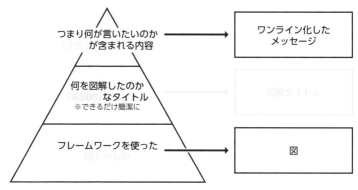

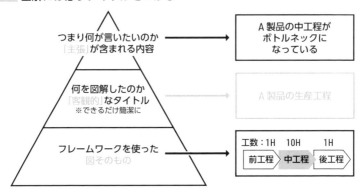

図4-13　図解には必ずタイトルをつける

つまり何が言いたいのか
「主張」が含まれる内容

→ A 製品の中工程が
ボトルネックに
なっている

何を図解したのか
「客観的」なタイトル
※できるだけ簡潔に

A 製品の生産工程

フレームワークを使った
図そのもの

→ 工数：1H　10H　1H
前工程　中工程　後工程

とにかくシンプルにする

　「形態は機能に従う」（form follows function）という米国の建築家、ルイス・サリヴァンの言葉があるように、ダイアグラム思考による図も装飾性より機能性を重視します。

　図解をしていくと、途中でさまざまな情報を付け足したり、補足としてイラストでデコレーションをしたくなる誘惑に駆られますがこらえましょう。

　ダイアグラム思考はインフォグラフィックや、グラフィックレコーディングの目的とは異なり、「あらゆるモノゴトを多視点から構造化して可視化する」ことに特化しています。

　構造化しようとするときに、余計な装飾が要素間のつながりを見えなくしてしまうこともあるので要注意です。

　特に「モード1」では、「骨組み」を明らかにしていくことがダイアグラム思考の本質であり、骨組みの上に付け足されていく装飾は本質ではありません。むしろ装飾があると、どこからどこまでが骨組みなのかがわかりにくくなってしまいます。

　もちろん、相手にわかりやすく伝えたり、記憶を促進するため、興味関心を惹くためにイラストやあしらいは重要なツールです。装飾は何でもかんでもつければいいのではなく、目的やシーンに応じて使い分けることが正解です。

余計な装飾は船を沈める

　「フィーチャー・クリープ」（feature creep）という言葉があります。

　日本語にすると「機能の増殖」という意味です。ある製品の機能が次々に新しく追加または拡張されることによる失敗をあらわした言葉です。

　スウェーデンの軍艦、ヴァーサ号は次のような悲劇に巻き込まれてしまいました。ヴァーサ号はスウェーデンが他国との激しい海戦に臨むために、国家の威信をかけ、極秘裏に建造されました。

当時の最新技術を凝らしたヴァーサ号には、建造の途中で大砲や砲甲板が追加されました。武装だけでなく、国力そのものを誇示するために、荘厳な船体彫刻も施されることとなりました。

　そして、ヴァーサ号は1628年にいよいよ処女航海を迎えました。

　しかし、船出からたったの1マイル満たない航海でヴァーサ号は海の底へと沈んでいきました。

　フィーチャー・クリープには、実際に巨大な船を沈ませてしまうほどの力があるのです。

とにかく簡潔に単純にしておけ

　ダイアグラム思考には、こうした「フィーチャー・クリープ」とは真逆の発想が求められます。

　それは、「KISSの法則」と呼ばれる考え方です。**KISSとはKeep It Short and Simpleの頭文字を取った略語であり、「とにかく簡潔に単純にしておけ」という意味です。**

　元々はロッキード社スカンクワークス部門の技術者である、ケリー・ジョンソンによって作られたエンジニア向けの言葉でしたが、今では多くのビジネスマンにとって重要な言葉になっています。

　ダイアグラム思考で作られる図には、余計な装飾は一切必要ありません。情報はシンプルであればあるほど伝わりやすくなります。

図 4-14　情報はシンプルなほど伝わりやすい

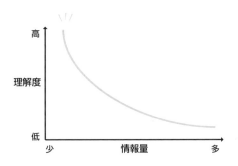

「pMタイプ」の「他力本願型リーダー」は見てくれを重視し、本質ではな

い部分に時間をかけて取り繕おうとします。

　次世代型リーダーはいかに本質を追い求めるかが重要です。メンバーからしたら、くだらない言い訳はすぐに見破られてしまいます。それでは「共感」は生まれません。「やらないことを決める」ことで本質に近づけます。

　余計なモノゴトはなるべく断り、ダイアグラム思考によって、「形態は機能に従う」のような仕事の受け方を心がけましょう。

迷ったら描いてみる、何度も描き直す

　図解に明確なゴールはありません。自分が納得した瞬間、目的を達成できたと思った瞬間が、あなたにとってのゴールになります。

　そして、「モード1」の場合、もし1回描くだけで完璧に完成してしまった図は、あなたが最初から情報を完全に理解できていたということなので、あまり図解をする必要はなかったのかもしれません。

　わからない情報だからこそ、図を描きながら抜け漏れに気が付いたり、論理矛盾を見つけたりできるのです。図は描き直せば、描き直した分だけ、多くの発見や気づきが得られるでしょう。

　そして、図解スキルそのものも筋トレのように向上していくので、積極的に失敗して描き直してみてください。ときには、STEP1の「モード選択」からやり直して、メッセージの絞り込みとワンライン化から始めてみましょう。

　このように、短期間で何度も繰り返しながら最適解を求める方法を「イテレーション」（Iteration）と呼びます。

　IT業界では、いわゆるアジャイル開発における短期開発サイクルのことを指しますが、イテレーションはIT業界だけに関係なく、次世代型リーダーたちに求められる考え方です。

　複雑かつ変化に富む、現代のビジネスシーンにおいて、計画通りに一発で完璧に進むプロジェクトはほぼ存在しません。そのため、ダイアグラム思考によって、何度も短期間でサイクルを繰り返しながら進んでいく感覚を身につけることが必要なのです。

図解の本質は振り返り

「やっとの思いで図が完成して大満足、ハッピーエンドでした！」と、なってしまってはいけません。振り返りこそが、ダイアグラム思考の本質であり、醍醐味です。

次の図を見てください。

売上を増加させる施策を考えながら「モード1」で図解をしてみました。「顧客単価UP－顧客数UP」と「価格－売り方」の組み合わせを図にすることで4種類の施策アイデアが思いつきました。

しかし、ここで満足してはいけません。

ここから**「完成した図の振り返り」**をしていきます。本当に「価格」と「売り方」しか施策は考えられないのでしょうか。今ならば、図を描いたことで、視座を高め、視野を広げ、多視点を得ることができるはずです。

例えば「売る場所」や「売る人」を変えてみる施策はどうでしょうか。ここまでアイデアが出れば、あとはすでに描いてある図を組み合わせるだけで、追加の4つの施策が簡単に生まれました。

図4-15 **図解は振り返ることが本質**

	顧客単価 UP	顧客数 UP
価格	超高級品の開発	価格を下げる
売り方	セット販売	店頭での呼び込み
売る場所	高級デパートで販売	イベント出店
売る人	有名人の起用	販売員の人数増加

振り返りをするときは、直接図に思考を書き込んでみるのがおすすめです。図の「余白」に発見があったり、考察の糸口を拡大することができます。

文章に代表される言語情報や、スピーチを聞いただけのような聴覚情報だけでは、十分な振り返りを行えません。ダイアグラム思考を駆使できるようになると、思考が「醸成」され、初めて気が付くモノゴトが圧倒的に多くなることを実感できるでしょう。

矛盾は図解できない

矛盾という言葉の由来になった、中国の古典『韓非子』の中に「盾と矛」という話があります。

「どんなものでも突き通すことができる最強の矛」と「どんな攻撃も絶対に防ぐことができる最強の盾」の両方を売る商人がいます。そこへ現れた客が「では、その矛で盾を突いたらどうなるんだ？」と質問して、商人が困り果てるというオチです。

商人が言っていることが両方とも本当なら、片方は嘘になってしまい、成立しないというお話です。

「盾と矛」のように商売の上手な人が話せば、両方の事象を口頭で説明することもできるのでしょうが、最強の矛と最強の盾の関係を図解してみようとすると、全く描くことができません。

基本的に図の上では矛盾は許されません。面白いことに、言葉だけのやり取りだと矛盾が成立することもありますが、矛盾した言葉を改めて図解しようとすると「なぜかうまく描けない」という事象が起こります。

このように、ダイアグラム思考は自分の主張や、相手のロジックの矛盾を発見することに適した思考法なのです。

抜け漏れはないか

「髙野さん、これ明日中に顧客へ提出する資料なのですが、抜け漏れや、間違いがないか、急ぎでレビューをお願いします」

部下から約10,000字のWordファイルを預かった私は、現実逃避のために会社の外へと消えていきました。

言語情報や言葉だけの情報では抜け漏れに気が付かないことが多くあります。Wordファイルの誤字脱字はチェックできても、内容の抜け漏れや間違

いを高速に確認することは不可能です。

しかし、図解すると「抜け漏れ」に嫌でも気が付くことになります。

> 66 製品ラインナップの見直しをするために、マーケティング方針の
> 一環として、新製品の開発を進めることとなったので、マーケティ
> ング4Pを基に戦略を練り直した。
>
> 新製品は新たな販売チャネルの開拓が求められるため、パートナ
> ー企業とアライアンスを締結していく。既存製品はWebプロモー
> ションに予算を集中させ、認知率のUPを図る。
>
> これでマーケティング戦略は万全の体制となった。 99

さて、あなたは上記の文章の「抜け漏れ」に気が付きましたか。

では、次の図を見てください。

図 4-16 図解すると抜け漏れに気づく

一瞬で「Price」の項目が足りないことに気づけたのではないでしょうか。

図解による抜け漏れチェックは、完成した図を見返す場合に発見できるの
は当たり前ですが、図解している最中にも気が付くことが多々あります。抜
け漏れが許されないような重要なモノゴトほど、確認の意味も込めて図解を
してみましょう。

ビジネスに必要な情報を収集する際には、抜け漏れがあることを前提とし
て取り扱うことが大事です。どんなにきれいにまとめられているコンサルティ
ングのレポートにも抜け漏れは存在します。

「モード1」で正しく情報を理解するためにダイアグラム思考を活用することはもちろん、「モード2」で相手に自分のロジックを正確に伝えることが次世代型リーダーにとっては重要です。

空白に発見がある

日本文学界の巨人、松本清張氏はNHKのドキュメンタリーで次のように語っています。

> " 空白の部分を考える。それが私の喜び。 "

抜け漏れの確認をする方法と同様に、図解をすることで視点を変えるということを習慣化してみましょう。そこで発見できる空白にこそ、あなたがこれまで言語情報や聴覚情報だけでは見つけられなかった新しい発見があるはずです。

文章は「あるもの」を表現することに優れたインサイドボックス的なツールですが、「ないもの」の表現は苦手です。そのため、自分の思考の外側に出ることには向いておりません。

しかし、**ダイアグラム思考は「ないもの」を可視化できる**ので、アウトサイドボックス的な思考が得意です。

次の文章を読んでみてください。

先月展開していた、おにぎり新シリーズキャンペーンは大変好評を得ることができました。このシリーズを新しい領域で展開することでおにぎりの販売数を飛躍的に伸ばしていきたいと考えています。

前回のキャンペーンでは、価格を安めに設定した「ベーシックシリーズ」と価格を高めに設定した「プレミアムシリーズ」の2本構成の企画になっており、どちらも成功を収めました。

前回キャンペーンのおさらいですが、「ベーシックシリーズ」はツナ、おかか、昆布といった正統派のAカテゴリとチャーハン、オムライス、ガパオライスといった変わり種のBカテゴリに分けて展開していました。

一方、価格を高めに設定した「プレミアムシリーズ」はいくら、鮭、明

太子といったのCカテゴリを展開し、こちらも売上拡大に大きく貢献しました。

おにぎりの「新領域」がどこかわかりましたか。
では、次の図を見てください。

図 4-17 空白に発見がある

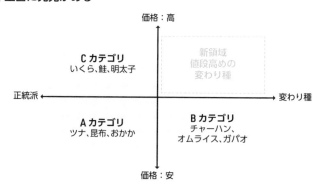

このように自分の思考では思いつかないようなアイデアや発見が図の空白に眠っているかもしれません。

USBメモリーやマイナスイオンドライヤーなどを手掛け、米国に本拠地を置くデザインコンサルタント会社Zibaの戦略ディレクターを務めている濱口秀司氏は、イノベーションの3つの条件を掲げています。

- 1つ目は「見たことも聞いたこともないこと」
- 2つ目は「実現が可能なこと」
- 3つ目は「物議を醸すこと」

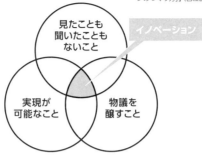

参考：前野隆司 (2014)『システム×デザイン思考で世界を変える 慶應SDM「イノベーションのつくり方」』(日経BP) を基に筆者作成

図4-18 イノベーションの３つの条件

　「USB」というパソコン端子を記憶媒体として使ってしまうという発想や、髪を乾燥させるためのドライヤーから水分を供給させるというマイナスイオンドライヤーの発想は彼の描く図からの発想であると、インタビューで語っています。

　彼の実績からわかる通り、図解は「空白」を探し出す最高のツールであり、イノベーションの相性が抜群なのです。

1

2

3

4

5

6

　この本の著者は「図解」という正体不明の魔物に憑りつかれているようです。一日中、図解のことしか頭にない男はどのような生活をしているのでしょうか。

365日連続の図解ブログ更新記録

　著者がダイアグラム思考を創案した理由は「日本を図解先進国にする」ためです。

　そこで、2019年1月1日から365日にわたって「あらゆるモノゴトを図解する」というブログを1日も休むことなく更新するというチャレンジをしてみました。風邪の日も、社会人大学院で論文を書く日も、仕事が残業で帰れない日も図を描き続けました。

　最初はビジネスフレームワークや書籍の図解に明け暮れていましたが、ネタ切れに悩んだ著者は、とうとう「納豆」を図解し始めました。最終的には50種類以上の納豆を2軸図でマッピングするなどの荒業を披露していました。

毎日SNSで図解を収集＆発信している

　もう図解のことしか考えることができなくなってしまった著者はSNSで気になる図を発見しては共有することを日課としています。また、自分が描いた図を次世代型リーダー向けに発信することも忘れずに行っています。気になる方はX（旧：Twitter）で「ダイアグラム思考」と検索してフォローしてみてください。

図解は仕事を楽しくさせるスパイス

　このように頭が図解に支配されてしまっている著者ですが、仕事中は情報がオートに図解されてインプットされていきます。相手の意見も常に「構造化」されながら聞くことができるので、ロジックの誤りや抜け漏れにも「多視点」から一瞬で気が付くようになります。また、メンバーに指示を出すときにも、無意識で図を描き「可視化」して説明するので、認識のズレを最小限に抑えることにも役立っています。

　もし、企業向けの「ダイアグラム思考研修プログラム」にご興味がある方は、Matagramの公式サイト（https://metagram.biz）までアクセスください。お問い合わせお待ちしております。

Chapter

5 / 7つの
ビジュアルカテゴリ

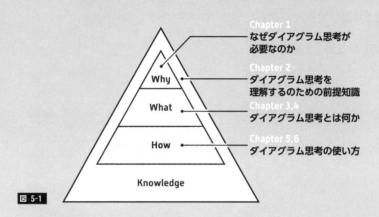

Chapter 1
なぜダイアグラム思考が
必要なのか

Chapter 2
ダイアグラム思考を
理解するのための前提知識

Chapter 3,4
ダイアグラム思考とは何か

Chapter 5,6
ダイアグラム思考の使い方

図 5-1

66 言葉は世界を分かつが、絵は統合する。 **99**

　東京オリンピック2020の開会式でも話題になった「ピクトグラム」の生みの親であるオットー・ノイラートの言葉です。

　世界中のトイレの標識や、避難口など、至る所で使われているピクトグラムはデザイナーでもアーティストでもなく、オーストリアの経済学者であるノイラートによって作り出されました。

　彼はピクトグラムを用いた「アイソタイプ」（国際絵ことば）という世界言語を作りました。絵や図が示す言語には、国境や経歴、職業は一切関係ないのです。

　Chapter 5から、ダイアグラム思考の「How」に触れていきます。

　まずは、「7つのビジュアルカテゴリ」について掘り下げていきます。

　カテゴリごとの「3つのアクション」さえ身につけてしまえば、図解の習熟度や業種、業界に限らずあらゆるモノゴトをサクサク図解できるようになります。

比較＝2軸図

「2軸図」は、2つの評価軸で直感的に「比較」をする際に用いるビジュアルカテゴリです。

図 5-2 **比較：2軸図**

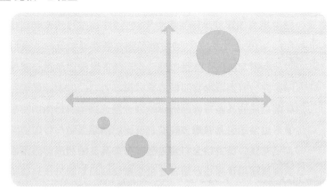

アナログで任意の座標に情報を配置できるため、細かいニュアンスでの比較が可能です。

よって、モノゴトが「置かれているポジション」を明確にできます。

また、「モード1」では、Chapter 1で紹介した「構造シフト発想法」のように、新しいアイデアを得るためにも使われることが多いビジュアルカテゴリです。

次世代型リーダーになると、意思決定を求められる機会が増加します。常に正しい意思決定を下すことは難しいですが、悩んだ場合にはダイアグラム思考「モード1」で2軸図の図解をすることで、思考を整理できるでしょう。

2軸図のツカイドキ

「高↔低」や「増↔減」などの反対語を見つけたら2軸図で図解するチャンスです。

ただし評価できる軸の数は基本2つ、できても3つが限界です。

　それ以上の軸数で評価したい場合はマトリクス図を用いることをおすすめします。ただし、マトリクス図よりも比較したいモノゴトの「ポジション」について環境や状況を同じ土俵に乗せて可視化できます。

2軸図のビジネスフレームワーク

　2軸図の代表的なビジネスフレームワークに、「意思決定の2軸図」が挙げられます。

　縦軸に緊急度を、横軸に重要度を示し、積み上げられたタスクの優先順位を比較するシンプルなフレームワークです。

　2軸図はビジネスにおける、複数個以上存在するモノゴトの比較をする際に用いることができます。非常に汎用性が高く、使いやすいビジュアルカテゴリの1つです。

　次世代型リーダーには必ず、意思決定が要求されます。

　さらに、正しい意思決定をすればいいだけでなく、同時に速さも求められるのです。のんびりと考え込んでいる時間はありませんので、意思決定のタイミングが現れたら、すぐに「モード1」を起動して、2軸図を描く用意をしましょう。

図 5-3 意思決定の 2 軸図

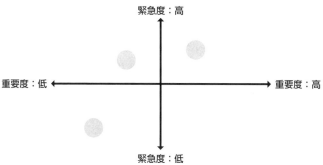

2軸図のマクロな使い方

　2軸図はミクロな使い方だけでなく、マクロな競合分析や市場環境の分析にもよく用いられます。競合との差別化を図り、競合優位性のある独自のポジションを導き出すために使われる2軸図を「ポジショニングマップ」と呼びます。

　市場における各社の製品や企業の強みに関する2軸を設定し、マッピングしていきます。

　2次元空間にマクロな視点を並べられるため、各社ごとの強みを一目で可視化し、自社の優位なポイント、もしくは劣っているポイントを明確にあらわせます。

図 5-4　**ポジショニングマップ**

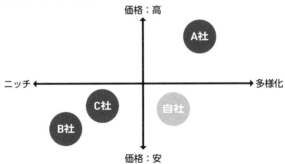

2軸図の派生形

　2軸図を応用すると、交差しない軸を組み合わせた「パラメーター図」も図解することが可能です。

　基本的には、交差する十字型の2軸図と描き方は同じですが、数値やデータを扱う際に重宝する描き方です。例えば、散布図や曲線グラフを描く場合に有効な手法です。

　図の分類的には、グラフに近い考え方になりますので、本書での紹介はここまでにしておきましょう。

図 5-5 パラメーター図

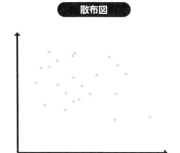

散布図

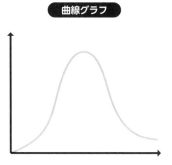

曲線グラフ

2軸図の描き方

2軸図は、「3つのアクション」で、簡単に描くことができます。

図 5-6　2 軸図を描くための 3 つのアクション

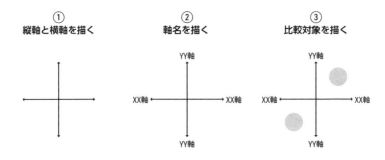

① 縦軸と横軸を描く　　②軸名を描く　　③比較対象を描く

① 縦軸と横軸を描く

まずは、縦軸と横軸が垂直に交差するように十字の線を引きます。

先端は矢印にしてもしなくても、どちらでも問題ないです。このアクションは3秒以内にできるはずです。一瞬で2軸図の土台を作りましょう。

② 軸名を描く

次に、縦軸と横軸にそれぞれの軸名を描きます。

このアクションが2軸図を描く際の最大の山場となります。ポイントは、「できるだけ左右と上下で対称となる軸名」をつけることです。図解の対象となる情報を広く観察できるような、振り幅の大きい指標を取ることで描きやすくなります。

2軸図に使われやすい対称関係の例を挙げます。

「大きい↔小さい」「高い↔低い」「若い↔高齢」「多い↔少ない」「増加↔

減少」「上昇↔下降」「長期↔短期」「重大↔軽度」「新規↔既存」「強い↔弱い」「早い↔遅い」「高価↔安価」「ポジティブ↔ネガティブ」「国内↔国外」などが使いやすい軸です。

　また、定性的な軸名を設定してみることも歓迎です。

　例えば「楽しみ↔学び」「クール↔カワイイ」「仕事↔生活」「ビジネス↔エンタメ」「すっきり↔マイルド」「ライフワーク↔ライスワーク」「能動的↔受動的」「まるっこい↔シュッとしてる」「得意↔苦手」などが挙げられます。

　ここで紹介した軸名はほんの一部なので、あなたの目的に合った軸探しにトライしてみましょう。

3　比較対象を描く

　最後に、比較対象となる情報をプロットしていきます。

　プロットするときは、丸い印を置くだけでなく、「名前も付けてあげる」ことで視認性が向上します。また、名前があることで、より直感的に図解を理解してもらえるようになります。

　プロットする位置に迷ったら、対象を「相対的」に比較してみましょう。「AよりもBのほうが右」のように基準と照らし合わせながら位置を決めることで、より「比較」の印象を強く持たせることが可能です。

2軸図のコツ

2軸図を描くときと、振り返るときのコツは次の3つです。

|1| 右上が2軸図の一等地

　もし、プレゼンや提案書作成など、ダイアグラム思考「モード2」の利用シーンで2軸図を描くときは、「右上の象限」にポジティブな比較対象が来るように軸の方向を設定します。

　人間は比較対象が2×2の4マスに並んでいるとき、心理的に「右上」に最も良いマスが置かれていると判断しやすいようです。

　例えば、競合比較をして自社の優位性をアピールしたい2軸図を描くときは、自社が「右上の象限」に来るように、あらかじめ軸の方向を決めておきます。

図 5-7 「右上」が 2 軸図の一等地

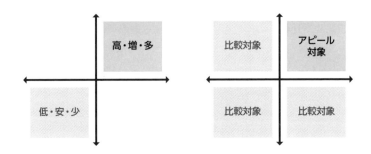

|2| 3軸目はサイズとカラーで表現する

　2軸図という名前の通り、基本的には「2種類の項目」でしか比較ができない図です。

　しかし、**プロットする比較対象を色分けすることで「3軸目」を取り入れ**

ることができます。それは、比較対象としてプロットされる「円のサイズ」に大小をつけることで3軸目の比較項目を追加することです。

このような2軸図を「バブルチャート」と呼びます。

C to Bの買取プラットフォームなどを提供するウリドキ株式会社の代表取締役である木暮康雄氏は、著書『リユース革命』でリユース市場における商材を2軸図で分析しています。

彼は、この2軸図と商材の原価率を掛け合わせて、自社サービスの差別化ポイントを見出しています。本事例は、ダイアグラム思考「モード1」で2軸図を使っている秀逸な事例です。

また、円のサイズではなく、**「円のカラー」を変えることで3軸目を表現することも可能です。**

ただし、3軸目の使い過ぎは禁物です。あくまでもシンプルな図解を最優先にしましょう。

図 5-8　マーケットのバブルチャート

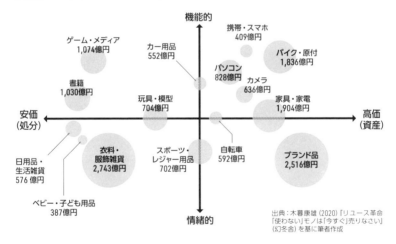

出典：木暮康雄 (2020)『リユース革命
「使わない」モノは「今すぐ」売りなさい』
(幻冬舎) を基に筆者作成

3　互いに相関する軸を選ばない

2つの軸を互いに強く相関する軸を選んでしまうと、次の図のように、斜め一直線に比較対象が並んでしまい、新しい発見が全くない、つまらない2軸図になりがちです。

できるだけ「相関が少なそうな2つの軸名」をあえて選びましょう。コツは、片方を「定量的」、もう片方を「定性的」な軸にすることです。すると、頭の中だけの処理では見つけられない発見をすることができます。

図 5-9　互いに相関する 2 軸を選ばない

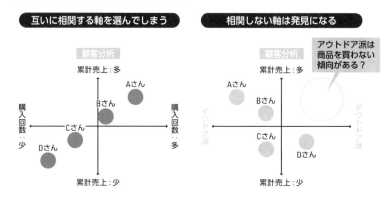

推移＝プロセス図

「プロセス図」は、時系列の変化や順番といった「推移」のビジュアルカテゴリです。

図5-10 推移：プロセス図

　対象のモノゴトをプロセスごとに分解して、「推移」を構造化して可視化し、理解することができます。

　視座を高め、視野を広げ、視点を多くしなければ、時系列という概念を思考に持ち込むことはできません。目の前の課題解決に没頭してしまうと、近視眼的な視座でしかモノゴトを捉えられなくなってしまいますが、プロセス図を描くことで強制的に時間軸の発想を得られます。

プロセス図のツカイドキ

　図解する対象の情報に「時間」や「順番」、「フロー」「循環」などが含まれる場合はプロセス図で図解するチャンスです。

　具体的には、プロジェクトのスケジュールや業務フローなどを可視化することも可能です。

　詳細を詰めるシーンだけではなく、ラフにスケジュール感を確認したい場

合にも有効なビジュアルカテゴリです。時系列の表現は一直線だけでなく、途中で分岐したり並行したり、統合されたりすることもあるでしょう。プロセス図では、そのような「分岐」、「統合」の時間表現をすることも可能です。

　マーケティング戦略を立案するためのステップを「プロセス図」によって図解することができます。

　プロセスの図解は、「これまでのやり方は合っていたのか？」「自分たちの現在地はどこか？」「次は何をしたらいいのか？」という、過去・現在・未来を可視化してくれます。

　図解できる対象は、マーケティング戦略だけでなく、事業戦略や営業戦略、プロジェクト進行や顧客のシステム操作手順ガイドまで多岐にわたります。「時系列」の変化さえあれば、何でも図解できてしまうのがプロセス図の強みです。

　プロセス図は、それだけ使いやすいフレームであるということの証でもあります。

図 5-11 マーケティング戦略

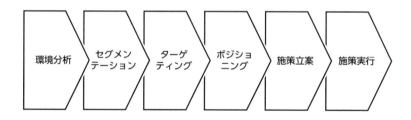

　プロセス図は「分岐」や「並行」した時間軸にも対応できます。

　例えば図に示したような「カレーライスの作り方」を参照してみましょう。

　カレーライスにはカレーとご飯がそれぞれ必要ですが、ご飯が炊けるまで他の作業を中止していたら、いつまで経っても完成しません。

「米を炊く」というアクションは、他の作業と「並行」して行えるので図にも示しておきます。

このように途中で作業が分かれる**「分岐」**や、**「並行」**してアクションを進める内容もプロセス図で図解することが可能です。

図 5-12 **「分岐」「並行」のプロセス図**

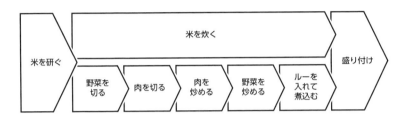

プロセス図の派生形

プロセス図のベースを用いて、各担当のスケジュールとタスクを描き込んでいくと、「ガントチャート」と呼ばれるプロセスリストが完成します。ちょうど「マトリクス図」と「プロセス図」を組み合わせたような図解です。

ガントチャートは作業ごとの工程における開始日と完了予定日をプロセス図のベースと同じように帯状に記したものです。ガントチャートを作成しておくことで作業リストとそのスケジュールを確認でき、プロジェクトの予定と実績の管理ができます。

プロジェクトマネジメントをする機会が多い、次世代型リーダーは押さえておきたいプロセス図の派生形です。

1

2

3

4

5

6

図 5-13 システム開発のガントチャート

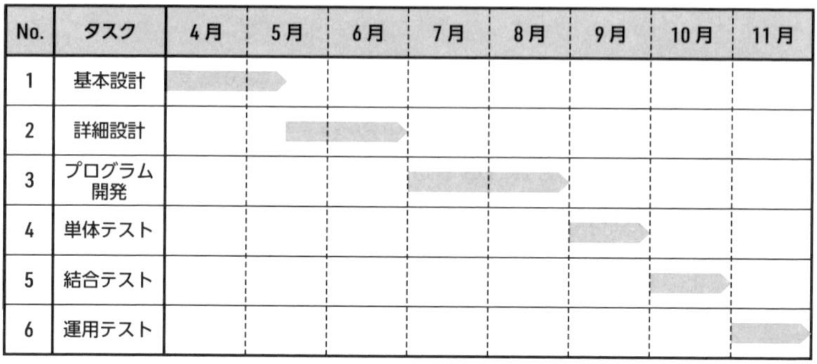

No.	タスク	4月	5月	6月	7月	8月	9月	10月	11月
1	基本設計	▬▶							
2	詳細設計		▬▶						
3	プログラム開発				▬▶				
4	単体テスト						▬▶		
5	結合テスト							▬	
6	運用テスト								▬▶

プロセス図の描き方

プロセス図は、「3つのアクション」で、簡単に描くことができます。

図5-14 プロセス図を描くための3つのアクション

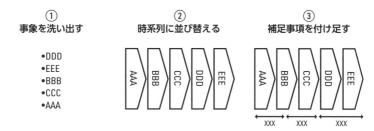

① 事象を洗い出す

・DDD
・EEE
・BBB
・CCC
・AAA

② 時系列に並び替える

AAA　BBB　CCC　DDD　EEE

③ 補足事項を付け足す

AAA　BBB　CCC　DDD　EEE

XXX　XXX　XXX

① 事象を洗い出す

まずは、時系列を気にせずに、図解の対象となる情報から、ワンライン化したメッセージに関係しそうな事象を洗い出してメモしておきます。あとで必要なくなる事象もあるかもしれませんが、出し切っておきましょう。

② 事象を時系列に並び替える

次に、洗い出した事象を時系列順に並び替えます。このとき、並行して走る事象があることに気が付くかもしれません。しかし、そこは我慢をして、まずは一直線に並び替えておきましょう。

③ 補足事項を付け足す

最後に、時系列順に並び替えた事象を並行・分岐を意識しながら、さらに並び替えてみましょう。事象を描くときの図形は台形でも四角でもかまいません。ただし、できるだけ装飾がないシンプルな図形を選択しましょう。

1

2

3

4

5

6

プロセス図のコツ

プロセス図を描くときと、振り返るときのコツは次の3つです。

|1| 時間は左から右へ、上から下へ流れていく

人間が持っている感覚として、時間は「左から右へ」、「上から下へ」流れていくことが自然とされています。よほど特殊な事情がない限り、この原則を守りましょう。

私がダイアグラム思考の研修をしていると、参加者の方から「プロセス図で図解できるような単純な業務ばかりではありません」と言われることがあります。

そんなときは、STEP1の「モード選択」における「ワンライン化」と「クリスタライズ」を思い出してください。必要な「メッセージ」だけを抽出して、無駄な情報を「そぎ落とす」ことさえできれば、この世の中に図解できないモノゴトは存在しません。「左から右へ」、「上から下へ」を徹底すれば、時間の流れを図解することができます。

図5-15 **時間は「左から右へ」「上から下へ」**

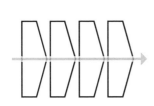 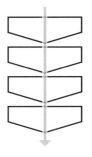

　事象を並び替える際の図形は自由に選択できます。台形を直接つないでも良いですし、四角形や丸を矢印でつなぐことも可能です。ただし、「余計な装飾をつけすぎない」というルールは守りましょう。

図 5-16　プロセス図の図形は自由に選べる

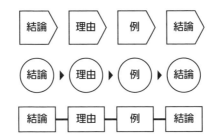

3 ループ構造を表現できる

　プロセス図は「一方通行」の時系列だけでなく、ループ構造を表現するための「サイクル図」として使えます。
　株式会社JEPLAN（旧：日本環境設計）が取り組む事業「BRING」は、店頭回収した古着（ポリエステル繊維100%）を再生ポリエステル原料にリサイクルし、その原料から新しい服などを造って販売しています。さらにその服がまた使われなくなれば、同じように回収してリサイクルするという循環型の事業です。株式会社JEPLANのサイトには、素晴らしいサイクル図が掲載されています。
　このように、プロセス図は「循環」を図解する際にも有効なビジュアルカテゴリです。

図 5-17 「BRING」事業のサイクル図

出典：株式会社JEPLAN
https://www.jeplan.co.jp/service/bring/

階層＝ピラミッド図

「ピラミッド図」は、抽象度や組織の規模、レベル感などの「階層」を図解するためのフレームです。

図5-18 階層：ピラミッド図

組織やヒエラルキーなどのレベル感を可視化することができます。

また、能力・技術・技量・等級・主従などの目に見えにくい概念を構造化できるのも特長の1つです。

ピラミッド図のツカイドキ

上から下へ、下から上に段階的な上昇や下降をするような情報があれば、ピラミッド図で図解するチャンスです。

ピラミッド図では上下の関係性だけでなく、横軸に数量を面積として可視化することで表現することも可能です。上の階層ほど等級が高い、難易度が高い、スキルが希少、権限があるなどのパラメーターを示します。

例えば、ワインにおけるブルゴーニュ地方の格付けはピラミッド図に打ってつけのテーマです。ブルゴーニュ地方の畑は4つの格付けで階層化されています。上から、グランクリュ（特級畑）、プルミエクリュ（1級畑）、コミュ

1

2

3

4

5

6

ナル（その畑がある村名）、レジョナル（その畑がある地方名）とされています。グランクリュはブルゴーニュ全体のわずか1%、プルミエクリュもわずかな畑のみ、そして、コミュナルは村そのものの名前であり、レジョナルは地方一帯を指す階層です。

　このように、ピラミッド図で図解することにより、格付けを段階に可視化できるだけなく、畑の面積における希少性を構造化できます。

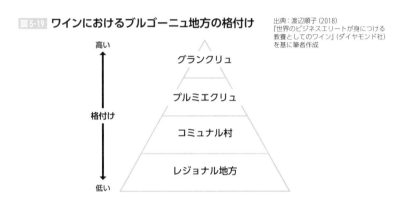

出典：渡辺順子（2018）
『世界のビジネスエリートが身につける
教養としてのワイン』（ダイヤモンド社）
を基に筆者作成

図5-19 **ワインにおけるブルゴーニュ地方の格付け**

ピラミッド図のビジネスフレームワーク

　ピラミッド図を用いたビジネスフレームワークには、次の図に示すような、人間の欲求を階層的に5つで表現した「マズローの欲求5段階説」があります。ピラミッド図は「抽象度の高いモノゴト」を図解することが得意なビジュアルカテゴリです。

　また、ピラミッド図とプロセス図は非常に相性が良いため、ピラミッド図の中に順番や時系列が含まれる場合もあります。

　マズローの欲求5段階説もベースとなる「生理的欲求」が満たされると1つ上の「安全の欲求」へと進む構造になっています。

　階層を意識するということは、モノゴトを全体俯瞰するためのヒントの1つとなります。

　次世代型リーダーは「M機能」を高めるために、自分がいる階層だけでなく、上下に関係する階層も意識しなければなりません。

　ピラミッド図は、モノゴトを多視点から構造化するための有力なツールと

なるでしょう。

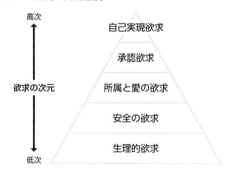

図 5-20 **マズローの欲求 5 段階説**

/ 基盤やベースとなる考え方を示す

　ピラミッド図はモノゴトの「基盤やベース」となる考え方をあらわすことにも秀でています。

　例えば、スタートアップ企業の構造を理解するためにも用いられています。「リーン・スタートアップ」とは、シリアルアントレプレナーのエリック・リースが提唱する新規事業開発および起業プロセスです。2008年に米国で開設したブログサイトで紹介され大きな反響を呼びました。

　その後、同名の書籍が発売され、世界中の起業家やエンタープライズにおいてもスタンダードな事業開発プロセスとして認知されるようになりました。

　そして『リーン・スタートアップ』の書籍中に次の図のピラミッド図が登場します。

　スタートアップの目的地はビジョン（Vision）であり、ビジョンを実現するために、戦略（Strategy）を採用します。そして、戦略から生み出される成果物が製品（Product）であるという構造を可視化しています。

　ピラミッドの上位は結果であり、下位は指針（Base）であり、指針の変更によって、戦略や製品はさらに大きな変更が発生する可能性があることを示しています。

　このように、ピラミッド図によって、「基盤やベースとなる要素」を示しつつ、具体的なアクションや成果物にどのような影響が発生するのかを多視

点から構造化して可視化できるのです。

出典：エリック・リース (2012)
『リーン・スタートアップ』(日経BP) を
基に筆者作成

図 5-21 スタートアップの考え方の基盤

ピラミッド図の派生形

　ピラミッド図は階層ごとに1つの要素しか入れていませんでしたが、派生
形となるピラミッド図階層だけでなく、「縦にも要素を割り入れる」ことが
できます。

　次の図はある会社の研修で使われている、「キャリアアップピラミッド」
と呼ばれる図です。

　複数のスキル要素を積み上げることで、次のステップへ段階的に進めると
いう構造が可視化されています。

　ただし、このピラミッド図を描くときには注意点があります。あまりに要
素が多く、枝分かれが増えてしまう場合は、「ツリー図」の検討をしたほう
がよいです。

　ピラミッド図の主なメッセージはあくまで「階層」なので、メッセージが
「構成」に寄る場合はツリー図で図解することができないか試してみましょう。

図5-22 **キャリアアップピラミッド**

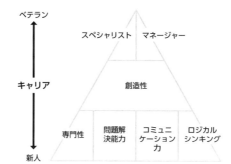

ピラミッド図の描き方

ピラミッド図は、「3つのアクション」で、簡単に描くことができます。

図 5-23 **ピラミッド図を描くための３つのアクション**

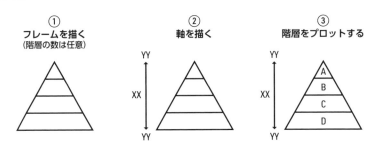

① フレームを描く（階層の数は任意）

まずは、大きな三角形のフレームを描きます。

この三角形が何層になるのか、事前に図解の対象となる情報から確認しておきましょう。

あとで層を追加することは可能ですが、「上位の層は追加しにくく」、「下位の層はいくらでも追加することが可能」であることに注意しておきましょう。

特に階層の数に上限はありませんが、階層が増えれば増えた分だけ、三角形全体のサイズも大きくなってしまうので注意が必要です。

② 軸を描く

すでにピラミッド図を描いたことがある人でも見落としがちなのが、「縦軸の意味」を描いておくことです。

ピラミッド図は三角形のフレームだけでは不十分です。上位に行くほどど

うなるのか、下位に行くほどどうなるのかの基準を描くことで、自分自身の見直しが大きくはかどるだけでなく、相手に情報を伝える際の解像度が一気に向上します。

③ 階層ごとの名前をプロットする

　最後に、「階層ごとの名前」をプロットしてピラミッド図は完成です。

　もし、余裕があれば階層の名前のほかに、定量情報もわかっているのであれば、一緒に添えておくとピラミッド図の横の広がりの意味を持たせることができます。

　ピラミッド図は「構成」のツリー図や、「推移」のプロセス図と相性がいいビジュアルカテゴリです。どのビジュアルカテゴリにするか迷ってしまった場合は、一度「階層」を表すピラミッド図を描いてみてから「構成」や「推移」の可能性がないかどうかを確認してみるとよいでしょう。

1

2

3

4

5

6

ピラミッド図のコツ

プロセス図を描くときと、振り返るときのコツは次の3つです。

|1| 四角形の積み上げでもOK

　もはや、ピラミッドではなく、タワーとなりますが、ピラミッド図は「三角形でなくても成立する」ビジュアルカテゴリです。

　例えば、インターネットプロトコルの「OSI参照モデル」階層のように、単純に層の順番が決まっている情報を図解するときは、次の図のように四角形を積み上げたような図解でも問題ありません。

　ただし、四角形積み上げタイプの図解で注意すべき点は、上位でも下位でも「希少性が変わらない」というメッセージになってしまうことです。

　三角形はその見た目の通り、上位の階層に行くほど面積が少なくなり、数が減るということを直感的にあらわしています。四角形の場合は上位の階層でも下位の階層でも面積は変わりませんので、希少性をあらわすことはできません。

図 5-24 OSI 参照モデル

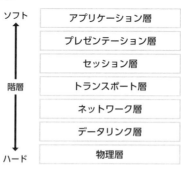

ピラミッド図における階層ごとの「面積」はポイントの1つです。

あえて縦軸だけはなく、「横軸の説明」を加えてもよいでしょう。

例えば、次の図のワイン畑の格付けピラミッド図は、下位に行くほど階層の面積が広がります。それは畑の総面積が広がることを同時に意味することとなるのです。

横軸にも情報を付け足すことで、より認識のズレがない高精度な図が完成します。

ピラミッド図に横軸を加えてみる

出典：渡辺順子 (2018)
『世界のビジネスエリートが身につける
教養としてのワイン』を基に筆者作成

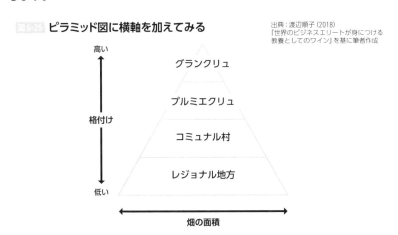

ピラミッド図の三角形は上下をひっくり返すことで「ファネル図」という図になります。

ファネルは日本語にすると「漏斗」という意味です。皆さんも理科の実験で使った記憶がよみがえってきたのではないでしょうか。

例えば、ファネル図は次の図に示すような、消費者の購買行動プロセスを段階的にあらわした「AIDMA」と呼ばれるマーケティング戦略などに用いられます。

上位に行くほど希少性が高いというピラミッド図の性質を逆手に取ることで、「下位に行くほど希少性や優先順位が高い」というメッセージを図解することが可能になります。

図 5-26 AIDMA 購買行動プロセス

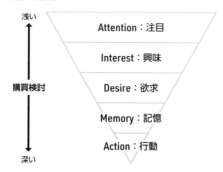

浅い

Attention：注目

Interest：興味

購買検討　　Desire：欲求

Memory：記憶

Action：行動

深い

Chapter 5 Section 10 分類＝マトリクス図

「マトリクス図」は、モノゴトを2つ以上の要素に「分類」したいときに使うビジュアルカテゴリです。

図 5-27 分類：マトリクス図

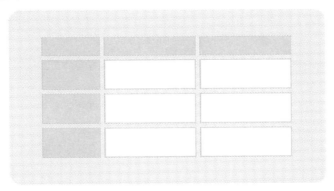

1

2

3

4

5

6

　情報を縦軸（列）と横軸（行）の項目からなる変数を設定して2次元空間を活用して配置する表でもあります。

　Excelなどで普段から目にすることも多いので、すでになじみ深い図だと思います。

　マトリクス図で対応できる情報の種類は多く、会議中にも頻繁に用いられるビジュアルカテゴリです。

マトリクス図のツカイドキ

「箇条書きの文章」を見つけたらマトリクス図で図解するチャンスです。

　行と列の2種類の属性から「分類」することができないかを描きながら思考します。また、情報をスコアリングしたいときや担当割を決めておきたい場合にも有効なビジュアルカテゴリです。

　現代のビジネスシーンはあまりにも情報量が多すぎます。

情報を一定程度「分類」しながらまとめておくことが重要です。特に、次世代型リーダーに集まってくる情報の数や種類は、担当者のレベルと比較すると圧倒的に増加します。

マトリクス図を活用して、ときにはダイアグラム思考の「モード1」でインプットし、ときには「モード2」を使って効果的に情報共有ができるようにしておきましょう。

マトリクス図のビジネスフレームワーク

マトリクス図はビジネスシーンで最も多く見られるビジュアルカテゴリの1つです。

例えば、次の図に示す「アンゾフのマトリクス」などのフレームワークは数多くのレポートで見ることができます。このビジネスフレームワークは、自社の環境を分類することで、戦略立案に必要な方向性を高い視座から見つめ直すために使われます。

この図の「製品、市場」の項目のように、マトリクス図の項目は、抽象度を一段階高くしてカテゴリ分けすることで、抜け漏れがないことを明確に構造化して可視化できます。

図5-28 アンゾフのマトリクス

		製品	
		既存	新規
市場	既存	市場浸透	新製品開発
	新規	新市場開拓	多角化

メリットとデメリットの分類

マトリクス図は、あるテーマに対するメリットとデメリットを分類する際にも、しばしば用いられます。

例えば、M＆Aや投資における「ハンズオンとハンズオフ」のメリットとデメリットを分類した図にも適用できます。

ハンズオンとは、買収や投資を実施した企業に、自ら社長や社外取締役を派遣して、経営を掌握するスタイルです。一方、ハンズオフは買収先や投資先の経営者にマネジメントを任せるスタイルのことを指します。

このような聞きなれない専門用語でも、図解することでそれぞれの特徴を素早く理解できます。モノゴトを分類して整理することは、「モード2」のみならず、「モード1」として、自分自身の理解を促進するために大変有効な図解です。

図5-29　ハンズオンとハンズオフのメリット・デメリット

	メリット	デメリット
ハンズオン	変革スピードが速い	買収先との対立が顕在化しやすい
ハンズオフ	企業間の合意形成を徹底できる	マネジメントの統合に時間がかかる

組み合わせを分類する

さらに、マトリクス図は複雑な「組み合わせ」を分類するために適したビジュアルカテゴリでもあります。

プロトタイピングの研究者であり、コンサルタントとして実践者でもある三冨敬太氏の著書『失敗から学ぶ技術』は、新規事業や商品開発をしている方に向けたプロトタイピングの教科書のような書籍です。

本の中で紹介されている、質的データと量的データを得るための方法がそれぞれ、どのようなプロトタイピングと相性が良いのかをまとめたものが次の図です。図中では、行にデータを得る方法、列にプロトタイピングの手法を位置取り、相関する箇所のマスに◎、○、△、×の4段階の評価がされています。

このように、ある項目と、ある項目が対応するそれぞれの「関係性の評価

を可視化」するためにマトリクス図は優れています。

図5-30 プロトタイプの相性リスト　出典：三冨敬太 (2022)『失敗から学ぶ技術 新規事業開発を成功に導くプロトタイピングの教科書』(翔泳社) から引用

プロトタイプ種類	価値の状態			プロトタイピングの役割						アイデアの性質		
				学習		コミュニケーション			意思決定			
	明確でない	やや明確ではない	やや明確	チームの中	チームの外	メンバーの認識を揃える	社内を巻き込む	社外を巻き込む	予算を取るなど	フィジカル体験が重要	デジタル体験が重要	新規性が高い
A チラシ	◎	○	△	○	◎	○	△	△	×	×	×	×
B ダーティーエクスペリエンス	○	◎	◎	◎	◎	◎	◎	◎	○	◎	○	○
C 工作	◎	○	△	◎	△	◎	○	△	×	◎	×	△
D スケッチ	◎	△	×	◎	○	◎	×	×	×	×	×	×
E ムードボード	◎	△	×	◎	×	◎	△	△	×	×	×	○
F LP（ランディングページ）	×	○	◎	○	◎	○	○	◎	◎	×	×	×
G 動画	×	○	◎	○	◎	○	○	◎	○	×	×	×
H ペーパーワイヤーフレーム	◎	○	△	◎	○	◎	×	×	×	○	◎	×
I 画面遷移ワイヤーフレーム	×	◎	◎	◎	○	◎	○	×	×	○	◎	×
J システム連携ノーコード	×	×	◎	◎	◎	◎	◎	○	×	×	◎	◎

マトリクス図の派生形

　項目を行と列でそれぞれ3つずつ設定することで、「3×3」の9マスのマトリクス図を描くことができます。

　このような図解を「ビジネススクリーン」と呼びます。

　事業の優先順位を決めるために使われることが多いこの図は、2軸図ともかなり近い種類のマトリクス図です。

　ただし、2軸図との違いは、9マスのポジションをデジタルに分類できる点です。

　「業界の長期的な魅力」は、市場の成長度、安定度、ターゲット人口の推移、政治、経済、社会、技術などの環境要因、ストック型、フロー型のどちらのビジネスモデルなのか、などの尺度を用いて判断することができます。

　また、「事業の強度」は相対的なマーケットシェア、ヒト、モノ、カネなどの経営資源、技術力、品質、リードタイムなどの生産力などの観点から評価することが可能です。

　2軸図では、任意のアナログな位置にプロットすることができますが、ビ

ジネススクリーンでは、情報が必ず9マスのどこかに属することとなるので、より強力に意思決定することができます。

図 5-31 ビジネススクリーン

		事業の強度		
		強	中	弱
業界の長期的な魅力	高	優先順位 **高**		
	中		優先順位 **中**	
	低			優先順位 **低**

マトリクス図の描き方

マトリクス図は「3つのアクション」で、簡単に描くことができます。

図5-32 **マトリクス図を描くための 3 つのアクション**

① フレームを描く （マス目の数は任意）	② 行・列の見出しを描く	③ 組み合わせ結果を描く

①
フレームを描く
（マス目の数は任意）

②
行・列の見出しを描く

	パターン X	パターン Y
パターン 1		
パターン 2		

③
組み合わせ結果を描く

	パターン X	パターン Y
パターン 1	1-X	1-Y
パターン 2	2-X	2-Y

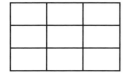

① フレームを描く（マス目の数は任意）

まずは、マトリクス図の原型となるフレームを描きます。

マス目の数は図解の対象となる情報によって異なりますので、あらかじめ確認しておきましょう。

行と列それぞれに「必要な項目の数＋1」の枠を用意しておくと、次のアクションがスムーズになります。

② 行・列の見出しを描く

次に、「行と列がそれぞれ何をあらわす項目」なのか、見出しを描いていきます。

順番はどちらが先でも問題ありません。

図解の途中でマス目を増やしたくなったら、いつでも追加してOKです。

「行と列のどちらに項目の多いほうを配置すればよいのか」という質問をよくいただきます。

結論としては、「図を描くキャンパスが横長か縦長かに合わせる」が最も現実的な回答となります。マトリクス図が最も制約を受けるのが、図を描くキャンパスです。例えば、パワーポイントのプレゼン資料なら横長ですし、ワードの報告資料であれば縦長です。

　ただし、キャンパスに余裕がある場合は「組み合わせ結果に文章が入る」場合は分類したい主題を横に並べます。「組み合わせ結果が数字だけ」の場合は主題を縦に並べましょう。

　文章は長さやバラバラなことが多いので、視線が横に移動しやすいのですが、数字は桁数を合わせることができるので、視線が縦に移動するように行と列の項目を設定すると、見やすいマトリクス図が完成します。

(3) 組み合わせ結果を描く

　最後に、行と列が交差する「マス目の結果」を埋めていきます。

　ここまでくれば、表の空白を埋めていく作業だけなのでサクサク進めることができます。

　この瞬間がマトリクス図を描くときに、最も気持ちいい瞬間かもしれません。もし、すべてのマス目が埋まらなくても大丈夫です。冷静に行と列の見出しを振り返り、マス目が空白になっている理由を考えましょう。

マトリクス図のコツ

Chapter 5　**Section 12**

マトリクス図を描くときと、振り返るときのコツは次の3つです。

|1| 行・列のどちらかは必ず具体的にする

　行と列の見出しは抽象的な項目同士が組み合わさるとマス目の中身が埋めにくくなります。

　少なくとも**「行と列のどちらかは具体的な見出し」**になるように気を付けましょう。

　例えば、次の図のように列の項目を「うまみ、しょっぱさ、香り」のような抽象度が高く、人によって価値観や選定基準が異なりそうな項目を設定したら、行は「特製しょうゆラーメン、本格塩ラーメン、元祖とんこつラーメン」のように、誰が見ても同じものを想定できるような具体的な項目を設定しましょう。

　抽象度の高い項目同士の分類になると、組み合わせ結果を描く作業で迷いが生じたり、人によって捉え方が変わってしまい、認識のズレの原因となるので注意が必要です。

図 5-33　あるラーメン屋の商品分類

	うまみ	しょっぱさ	香り
特製しょうゆ ラーメン	◎	○	△
本格 塩ラーメン	○	△	◎
元祖とんこつ ラーメン	△	◎	○

　だらだらと無意味に行と列が増え続けるマトリクス図は美しい図とは言えません。

　項目数が増えれば増えるほど、欲しい情報の「検索性」が失われてしまいますので、図解は常に「KISSの法則」を目指します。できるだけコンパクトな図解を心がけましょう。

　どうしても情報量が増えてしまう場合は、もう一度、STEP1「モード選択」に戻って、メッセージの「ワンライン化」と「クリスタライズ」から始めてみましょう。

図 6-34　行と列はできるだけ少なくする

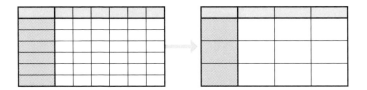

　3つ目のアクションのときに、どうしても表の「空白」を埋められない場合もあります。

　そのようなときは、情報そのものに抜け漏れがあるのか、適切に行と列の見出しの設定ができていないかのどちらかが原因です。

　これまでに触れた通り、ダイアグラム思考にとって、「空白」は新しい発見や気づきの源泉です。

　恐れるのではなく、「空白」を歓迎しましょう。

図5-35 空白を歓迎しよう

	パターン X	パターン Y	パターン Z
パターン 1	○	○	○
パターン 2	○	○	○
パターン 3	○	?	○

構成＝ツリー図

「ツリー図」は、個々の要素を分解し、要素の集合を構造化する「構成」の図解フレームです。

図 5-36 構成：ツリー図

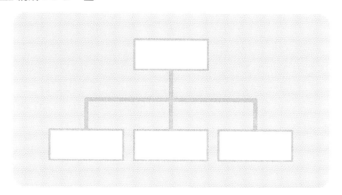

図解することで視座が高まり、対象となる情報の要素と全体像を同時に把握できます。いわゆる「木を見て森も見る」の状態です。また、主題と要素の関係を論理的に示す場合にも活躍するマルチなビジュアルカテゴリです。

ツリー図のツカイドキ

情報の「抜け漏れを発見」したり、「抽象度を揃えたり」したい場合はツリー図のチャンスです。

また、演繹法や帰納法に代表されるロジカルシンキングを可視化して整理する場合にも用いられます。

要素を洗い出すことに長けたビジュアルカテゴリでもあるため、施策の細分化や組織構成の洗い出しにも役立ちます。最後に作成したツリー図の全体を俯瞰することで自分の思考の深さと広さを確認できます。

分岐による階層が「より長く」続いていれば思考は深く、要素の分岐が多

1

2

3

4

5

6

いほど思考が広がっていることがわかります。

　ロジカルシンキングはいつの時代のビジネスシーンでも必要とされる基本的な能力です。さらに、次世代型リーダーには「ロジカルに伝える能力」も求められてしまいます。

　ツリー図はダイアグラム思考「モード2」において、ロジカルな論理構造を相手にスムーズに伝えることに長けているビジュアルカテゴリです。リーダーからメンバーへロジカルに説明をする際にツリー図を活用するクセを身につけましょう。

ツリー図のビジネスフレームワーク

　ツリー図は、自分の主張を論理的に整理するための「ロジックツリー」や、特定の問題や課題に対する原因分析をするために用いられます。

　特に、ロジカルシンキングとツリー図の相性は非常に良いことが知られています。

　マッキンゼー社に初の女性コンサルタントとして入社し、ヨーロッパスタッフのレポート作成指導責任者となったバーバラ・ミントが、ロジカルシンキングを体系化した『考える技術・書く技術』では、ツリー図を用いてロジックを支える構造を説明しています。

　この本は世界的な名著として知られることになり、ビジネスで用いられるロジカルシンキングの基盤となりました。

図 5-37 **ロジックツリーの例**

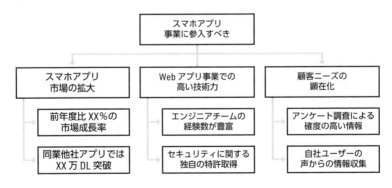

ツリー図の歴史は古く、紀元３世紀頃には、すでにツリー図の片鱗を見て取れます。

新プラトン主義哲学者であるポルピュリオスはアリストテレスが『範疇論』の中で展開した論理的原理を提唱し、「ポルピュリオスの樹」と呼ばれる最古の樹形図を作成しました。

古くから樹の持つ生命感や神聖さは樹木崇拝として信仰され、あらゆる根源やつながりを示すメタファーとして利用されてきました。先人たちが残してきた図解が現代にも引き継がれています。

図 5-38 ポルピュリオスの樹

出典：Wikimedia Commons
https://commons.wikimedia.org/wiki/File:09L%E2%80%
99arbre_des_relations_logiques,_selon_une_%C3%A9
dition_de_1512_de_la_Logica_nova.jpg?uselang=ja

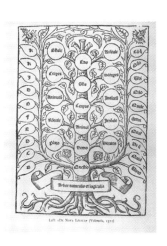

問題解決のためのツリー図の派生形の1つに、「フィッシュボーンダイアグラム」が挙げられます。日本語では特性要因図と呼ばれることがあります。モノゴトには何か原因があって結果が起こります。

しかし、1つの結果が生まれる過程には1つの原因だけでなく、さまざまな要因も含まれます。さらに、「要因の要因」が連鎖的に存在するはずです。フィッシュボーンダイアグラムでは、原因と結果の間に起こる要因の分析を

「魚の骨」の形になぞらえて図解していく手法です。

図5-39 フィッシュボーンダイアグラム

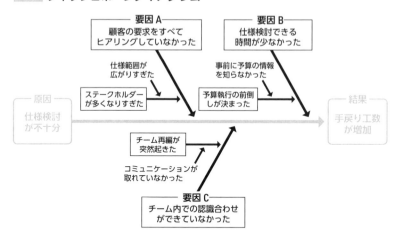

5 14 ツリー図の描き方

ツリー図は、「3つのアクション」で、簡単に描くことができます。

図5-40 ツリー図を描くための3つのアクション

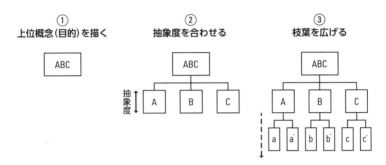

① 上位概念（主張・テーマ）を描く

　まずは、ワンライン化したメッセージの主題となる「上位概念」を四角に描きます。この四角の箱の中には主張やテーマ、目的などのツリー図で図解したい最上位の概念を描きます。

② 抽象度を合わせて要素に分解する

　次に、最上位の概念を要素に分解していきます。このとき、要素同士の抽象度を合わせながら分解を進めます。焦って1つの要素を具体まで分解してしまうと、隣の要素との抽象度がバラバラになり、ツリー図が完成しないので注意です。

　ここから先は、抽象度を合わせながら要素の分解を繰り返していきます。自分がこれ以上分解できないという要素まで深掘りできればかなり具体的なアクションや事象にまで行き着いているはずです。

　ツリー図は「深さ」を追及することで、論理の確からしさや具体的なアクションのイメージを高めることができます。逆に「深さ」が浅いツリー図しか描けない場合は、論理的な欠陥が見つかったり、具体的な情報の収集が足りていない可能性が高いです。

　一方で、「広さ」を追及することで、視点の多さや視座の広さを確保することができます。ツリー図の幅が狭い場合には、「多視点」の考え方が甘くなっていたり、近くの事象しか観察できていない可能性があります。

　「深さ」と「広さ」の両立を目指すことで、ツリー図による「多視点から構造化して可視化」が完成します。次世代型リーダーはメンバーの目標設定をツリー図を用いて解説することで、より戦略的な意味合いを伝えやすくできるかもしれません。

ツリー図のコツ

ツリー図を描くときと、振り返るときのコツは次の3つです。

1 MECE に分解する

要素を分解するコツの1つに「MECE」(Mutually Exclusive Collectively Exhaustive) という考え方があります。日本語にすると「漏れなくダブリなく」という意味です。

次の図を見てください。

図5-41 **MECE である例**

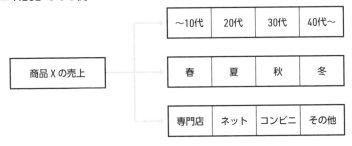

ある製品Xの売上を要素に分解してみます。年代別、季節別、チャネル別、それぞれ「MECE」に分解されている状態です。

では次の図を見てください。

売上をエリア別に分解していますが、近畿地方や九州地方というエリアが漏れています。

また、1つ目の図と同じように、年代別に分解されていますが、よく見ると40代がダブっています。

さらに、「社会人学生」や「主婦で学生」の人たちもいるので、ダブりがある状態です。

このような状態を「MECE ではない」と呼びます。

図 5-42 MECE でない例

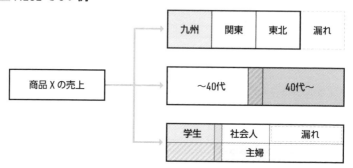

2 抽象度を揃える

ツリー図を描く際は、要素の抽象度を合わせることが重要です。

スーパーマーケットで販売している食品の種類を分解してみました。上半分の食品は**「抽象度が揃っている」**状態です。

では、次に図の下半分を見てください。

同じくスーパーマーケットの食品を分解しているのですが、バナナだけ具体に寄りすぎてしまっていることに気づきましたでしょうか。もし、バナナに抽象度を合わせるのであれば、野菜はキャベツ、魚はイワシなどのレベル感になるはずです。

このように、ツリー図で分解する要素は、同じレイヤーにある「要素同士の抽象度を同じにする」必要があります。

図 5-43 抽象度を揃える

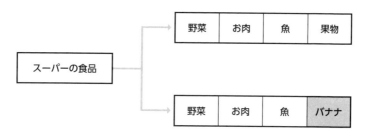

　とはいえ、MECEや抽象度を合わせる作業を毎回0からスタートするのは大変です。そこで、すでに世の中に存在する、先人たちの知恵が残したビジネスフレームワークを活用しましょう。

　いくつか、ツリー図に使えるビジネスフレームワークを示します。

　ビジネスフレームワークとは、ビジネスにおける課題の解決や、目標設定、戦略立案などをスムーズに行うための思考の枠組みです。事業活動に関係する情報整理や意思決定の場において力を発揮します。

　例えば、マーケティング4Pは、マーケティング戦略を「Product」「Place」「Price」「Promotion」の4つに漏れなくダブりなく、さらに同じ抽象度に分解してくれます。

　ほかにも、ミクロな経営環境分析を支援するための「3C分析（自社、顧客、競合）」や、マイケル・E・ポーターが提唱した、業界に影響する5つの力を分析するための「5Force分析」などのビジネスフレームワークが数多く存在します。

　さらに業界や業種、職種ごとに特化したビジネスフレームワークはここでは紹介しきれないほど存在していますので、インターネットで調べてみることで、ツリー図を描くためのサポートをしてくれるでしょう。

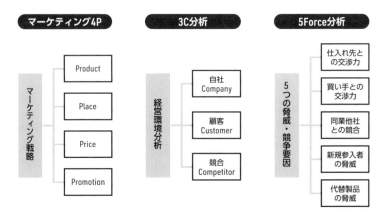

図 5-44 MECE なビジネスフレームワーク

マーケティング4P

マーケティング戦略
- Product
- Place
- Price
- Promotion

3C分析

経営環境分析
- 自社 Company
- 顧客 Customer
- 競合 Competitor

5Force分析

5つの脅威・競争要因
- 仕入れ先との交渉力
- 買い手との交渉力
- 同業他社との競合
- 新規参入者の脅威
- 代替製品の脅威

ビジネスフレームワークは図解との相性が非常に良いため、ビジネスフレームワークそのものが、何らかの図として残されている場合も多くあります。2種類のトレーニングによってとっさに図が描けるようになります。1つは「反復練習」です。とにかく大量の図を描くトレーニングを指します。もう1つはビジネスフレームワークの引き出しをできるだけ多くする「知識の獲得」のためのトレーニングです。

後者のトレーニングで得ることができる知識はさまざまな書籍、動画、講義で紹介されているので、興味がある方は調べてみることをおすすめします。

相関＝モデル図

　ステークホルダーを箱であらわし、それぞれの関係性や人・モノ・カネ・情報・サービスの流れを矢印で示すシンプルな図解です。

　モノゴト全体の関係性が直感的に捉えやすく、プレゼンテーションでも用いられることが多いビジュアルカテゴリです。

図 5-45 **相関：モデル図**

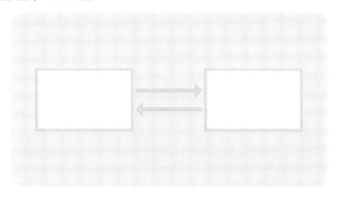

　「モデル図」は、ステークホルダーの関係性やモノの交換などの「相関」を図解する際のビジュアルカテゴリです。

モデル図のツカイドキ

　ビジネスの基本はすべて何らかの「相関」で成り立っています。

「ビジネスモデル」が登場したら、モデル図で図解するチャンスです。

　図解する際に、矢印の向きや本数を意識すると視座を高めることができます。さらに、多視点からビジネスモデルを観察することができるようになります。

　また、ステークホルダーが何を交換しているのかに着目すると相関関係が見えてきます。特にビジネスモデルは突き詰めると「お互いのメリットの交

換」をしていることがわかります。そのメリットがステークホルダーによっては、サービスであったり、カネであったり、情報であったりするのです。

このように、モデル図を描くことで、交換されているモノを図解によって全体俯瞰することができます。すると、フェアでない条件や、得をしないステークホルダーの存在に気が付くことができるのです。

大規模なアライアンスを構築する際に、意外とこの得しないステークホルダーにどのようなメリットを付与させることができるのかを考察することが重要となることがあります。

図5-46 harmo 株式会社のビジネスモデル

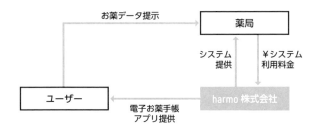

モデル図のビジネスフレームワーク

「パワーストラクチャー」は提案先の選定やキーマンの探索に非常に有効な可視化方法です。

コンサルや営業に用いられる、ステークホルダー同士の関係やパワーバランスを図解する際に用いられます。

私もデジタルコンサルタント時代には数多くのパワーストラクチャーを作成し、顧客攻略の戦略を立案していました。

顧客社内の人間関係は、受注を勝ち取るために、無視できない環境要因の1つです。

例えば、ある案件の決裁者に直接アポイントが取れなくても、その決裁者の意思決定に影響を与える人物にならアポイントが取れる可能性はあります。

パワーストラクチャーでは、自分や自社に味方をしてくれる人物を「サポーター」、競合他社に協力したり、自分への評価があまり高くない人物を「エ

ネミー」とタグ付けして整理していきます。

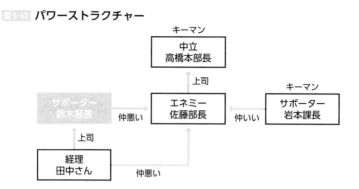

図 5-47 パワーストラクチャー

組織間の関係を構造化して可視化する

　モデル図では、組織間で発生する業務の依頼・発注関係を図解することができます。

　もう一度、私が地元のプラスチック成型工場の金型技術部で働いていた話をしましょう。プラスチック成型での量産には次の図のような部署間のやり取りが存在します。金型技術部はプラスチック製品を生産するために必要な金型を製造・メンテナンスしている部署です。

　その金型技術部には、商品技術部から新製品を生産するための金型を製造してほしいという依頼が発生します。金型を完成させたら、成型部にプラスチックを実際に金型に流し込んで量産するための依頼を出します。

　金型は数千回使うことで必ず不調が発生するので、成型部から金型技術部には定期的にメンテナンスの依頼があります。さらに、金型の品質や成型したプラスチック製品が正しく作られているかを確認するために、金型技術部と成型部から品質保証部に依頼をかけます。

　次世代型リーダーは目の前の人間関係だけでなく、高い視座から組織全体を見渡す「鳥の目」が必要です。

　モデル図を用いて図解することで、業種、業界を問わず、さまざまな組織間のやり取りや相関関係を「多視点から構造化して可視化する」ことができます。

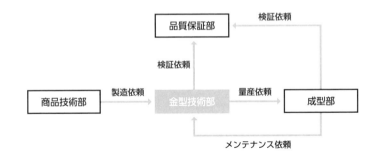

図 5-48 部署間のやり取りを図解する

モデル図の派生形

　モデル図を描き込んでいくと、会社全体の「システム機能図」などを描きあらわすことが可能になります。

　これらの図が一枚あるだけで、システム開発において、意思決定がスムーズになる、部署間における認識のズレが低減するなどの効果が期待できます。プロジェクトマネージャーはシステム機能図を確認しながら、全体と細部の両方をチェックしているのです。

　この図とは別に、システムのハードウェア周りの関係を示した、「システム構成図」という図も存在します。

　システム工学の分野にはSysML（systems Modeling Language）と呼ばれる、システム全体をモデリングするための言語が存在します。SysMLでは、分析者や設計者の考えをダイアグラムを用いて表現していきます。

　SysMLには「要求図（Requirement Diagram）」や「ステートマシン図（State Machine Diagram）」など、さまざまなダイアグラムが登場しますが、どれも基本の形は「モデル図」です。

図5-49 システム機能図

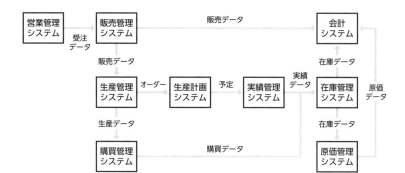

モデル図の描き方

モデル図は、「3つのアクション」で、簡単に描くことができます。

図 5-50 モデル図を描くための 3 つのアクション

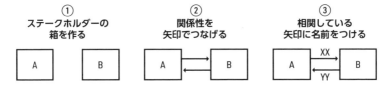

① ステークホルダーの箱を作る

　まずは、登場人物となるステークホルダーを収める箱を用意します。箱の数はあらかじめ図解の対象となる情報から抜き出しておきます。また、箱の配置は1回でうまくいくこともあれば、うまくいかないことも多々ありますので、描き直すことを前提にして配置してみましょう。

② 関係性を矢印でつなげる

　次に、ステークホルダー同士の箱を矢印でつないでいきます。このとき、詳細に何を渡しているのか、何を受け取っているのかを考える必要はありません。とりあえず、何かが関係していると思ったら矢印を伸ばしておきましょう。

③ 相関している矢印に名前をつける

　最後に、箱をつなげている矢印に名前をつけていきましょう。この3つ目のアクションで、それぞれのステークホルダーが何を交換しているのか、どのような関係になっているのかが明らかになります。

モデル図のコツ

モデル図を描くときと、振り返るときのコツは次の3つです。

[1] ステークホルダーは躊躇せずに洗い出す

もしかすると、あなたがワンライン化したメッセージに関係がないステークホルダーも図解の対象となる情報に含まれているかもしれません。しかし、すべてのステークホルダーを躊躇せずに洗い出してみることが大事です。

たくさんの箱を用意した結果、次の図のように矢印がつながらないステークホルダーも現れるかもしれませんが、「ほかのステークホルダーとは関係しない」という情報を理解することができます。これは文章や言葉だけでは見つけることができない、「関係しないもの」の発見です。

モデル図には、「ないもの」を発見できる図解の恩恵が備わっています。ほかの事業では「アライアンス先C社」と取引がありますが、図解することによって、レポート販売事業では相関がないことがわかりました。

これにより、「C社のリソースをどう活用するか」という新しい戦略を立案できるようになります。

次世代型リーダーは、自分以外の人々とかかわる機会が大幅に増えていきます。その際に、モデル図を描くことによって、目的に沿った多視点からの発見を忘れずに利用していくことが大事です。

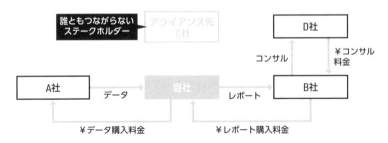

図5-51 **レポート販売事業のビジネスモデル(1)**

〔2〕一方通行の矢印を意識する

　しばらくモデル図を描いていると、矢印が一方通行になっているステークホルダーが現れることがあります。

　特に、ビジネスモデルを図解しているときに、このようなステークホルダーが登場したら要注意です。基本的にビジネスモデルではすべての登場人物がGive & Takeの関係になっています。

　一方通行のステークホルダーがいたら、何かを見落としていないかを確認してみましょう。

　例えば、次の図では、「情報提供を定期的に行っているが、これが新しいビジネスになりそうかどうか」という思考をすることができます。このような「抜け漏れ」の発見ができることがダイアグラム思考の強みです。

図5-52 **レポート販売事業のビジネスモデル(2)**

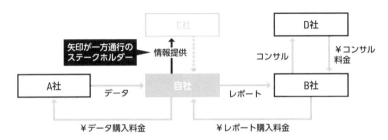

　矢印に名前を付けるだけでなく、アイコンを載せてみましょう。

　大企業やNPO法人向けにビジネス図解のコンサルティングを行う近藤哲朗氏の著書『ビジネスモデル2.0図鑑』では、ビジネスモデルを作成する方法を体系化し、Webメディアでも公開しています。

　彼の提案する手法に、アイコンの載せ方の詳細が紹介されています。種類分けされたアイコンにより、図解の可視化効果が高まり、より直感的にモデル図を俯瞰できるようになります。特に「カネ」と「モノ」と「情報」の区別がつくとわかりやすい図解が完成します。

図 5-53　矢印にアイコンを載せる　参考：近藤哲朗 (2018)『ビジネスモデル2.0図鑑』(KADOKAWA) を基に筆者作成

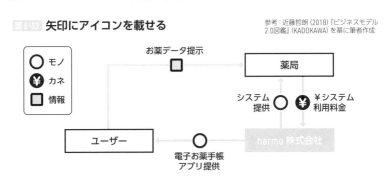

範囲＝ベン図

ベン図はイギリスの数学者であるジョン・ベンによって開発されました。

ジョン・ベンは、1881年にベン図を発表し、数学界においてさまざまな解をあらわした人物です。現在では、ベン図は数学のみならず、さまざまな事象の範囲を構造化するための図解フレームとして定着しています。

ベン図はモノゴトや集団の共通点や異なる部分を明らかにする「範囲」を示すためのビジュアルカテゴリです。

どこからどこまでが対象とすべき範囲なのか、複数条件の重なりはどこなのかに気づけます。

また、事業のシナジーや、ターゲットのフォーカスポイントなど、経営に役立つ図解を描くこともできるビジュアルカテゴリです。

図 5-54 **範囲：ベン図**

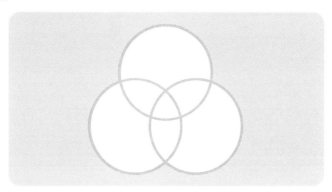

/ ベン図のツカイドキ

図解する対象の情報にグループが関係する場合はベン図を活用するチャンスです。例えば、2つある施策の共通点を示すことで一石二鳥となるメリッ

トを示せます。

また、ベン図は共通点だけでなく相違点を明らかにすることもできます。例えば、次の図のように、自社と競合のサービスを重ね合わせることで、共通点からはコモディティ化した機能を、相違点からは差別化できる機能を明らかにすることができます。

「高い技術力」は自社が競合優位な差別化ポイントですが、「安価な生産体制」は競合のA社もB社も実現しているような、コモディティ化されたポイントであることが一瞬でわかります。

図 5-55　カメラ事業の競合分析

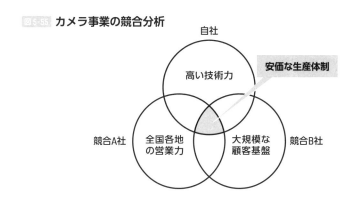

ベン図のビジネスフレームワーク

ベン図のビジネスフレームワークには、Will、Must、Canから成る、「キャリアの自己分析」をするためのフレームがあります。

3つの範囲が重なるポイントが理想的なキャリアであることを示しています。

また、リーダーや企業、非営利団体に対して「人々をインスパイアする方法」を伝授してきたコンサルタント、サイモン・シネックによる「Why→How→What」の順で事業や製品を考えることで共感を生み出せるとされる、「ゴールデンサークル理論」などがあります。ゴールデンサークル理論では中心の円を周囲の円が丸ごと取り囲んでいます。

このようなベン図は、玉ねぎをスライスしたような形であることから、「オニオン図」と呼ばれています。包含関係であってもベン図では柔軟に対応できます。

図 5-56　ベン図のビジネスフレームワーク

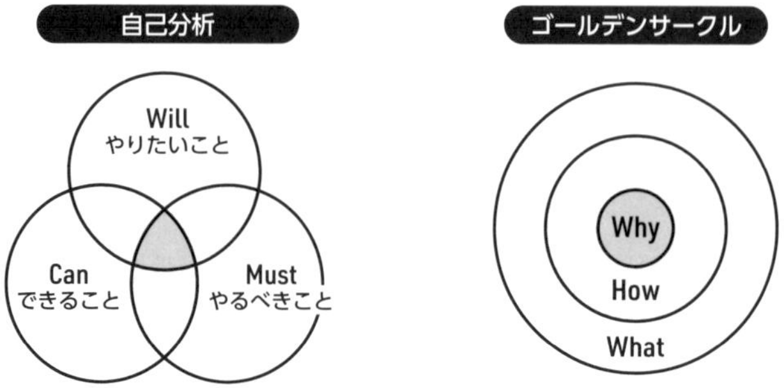

自己分析

Will
やりたいこと

Can
できること

Must
やるべきこと

ゴールデンサークル

Why

How

What

出典：TED『サイモン・シネック 優れたリーダーはどうやって行動を促すか』
https://www.ted.com/talks/simon_sinek_how_great_leaders_inspire_action/transcript?language=ja

包含関係を構造化して可視化する

　2019年に出版され、デジタル技術が進化した現代社会において、人々の
あり方や社会のあり方が変化したことで、ビジネスの常識や労働市場すらも
変化していることが語られた、藤井保文氏らの著書『アフターデジタル』と
いう名著があります。

　藤井氏は、アフターデジタルという世界観を次のようにあらわしています。

> 　モバイルやIoT、センサーが偏在し、現実世界でもオフラインが
> なくなるような状況になると、「リアル世界がデジタル世界に包含
> される」という図式に再編成されます。こうした現象の捉え方を、
> 私たちは「アフターデジタル」と呼んでいます。

　オフラインの世界が中心で、デジタルの世界を付加価値的な存在としてい
た、これまでの状態を「ビフォアデジタル」と呼んで、ビフォアデジタルと
アフターデジタルのそれぞれの世界観をベン図で図解したものが次の図です。

　複雑で理解がしにくい抽象度の高い世界観を、図解によって可視化してい
ます。ベン図はこのように包含関係を構造化して可視化することに優れた図
解フレームでもあります。

図 5-57 ビフォアデジタルとアフターデジタル

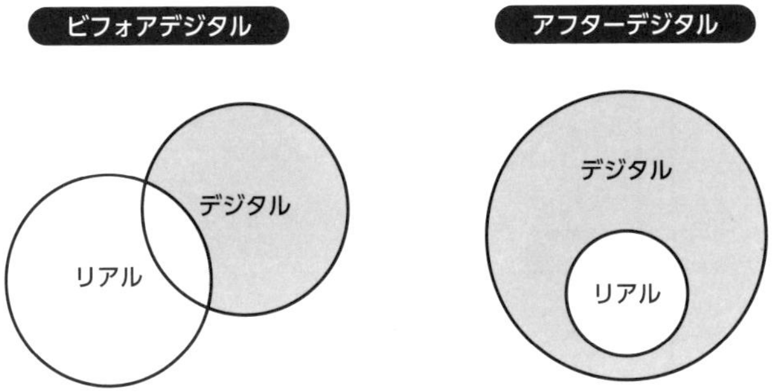

ビフォアデジタル

アフターデジタル

デジタル

リアル

デジタル

リアル

出典：藤井保文 , 尾原和啓 (2019) 『アフターデジタル・オフラインのない時代に生き残る』 (日経 BP) を基に筆者作成

ベン図の派生形

　ただでさえ業務が多くなりがちなリーダーにとって、「やらないこと」を決めることは非常に重要な意思決定です。

　カーネギーメロン大学の金出武雄教授は、自身の著書『素人のように考え、玄人として実行する』の中で、研究対象とするべき問題の範囲について、ベン図を用いて説明しています。

　私も図解の研究をしていますが、研究活動で最も難しいことは、どこまで問題範囲を設定するかです。金出教授は問題の範囲を決める「悪い例」をあらわすベン図を3つ描いていきます。

　まず、次の図に示すような、問題全体に対して、ただ漫然と一般的なものを狙った研究は、できたらいいけど多分できない研究です。例えば、「全人類が誰でも今すぐに図解ができるようになる研究」はこれに該当します。

図5-58 できたらいいけど多分できない研究

出典：金出武雄 (2003)『素人のように考え、玄人として実行する―問題解決のメタ技術』(PHP研究所)を基に筆者作成(図5-59、図5-60、図5-61も同様)

2つ目の失敗例は、次の図に示すような、よさそうに見えるが結局は役に立たない研究です。例えば「丸1年間かけることで、一般的なビジネスマンであれば図解が70%くらいできるようになる研究」のような研究です。

このような研究は、「研究範囲は広そうに見えるが、役に立つ部分問題を何1つ完全にカバーしない」ので、焦点が定まらず、あまり良い結果は得られません。

図5-59 よさそうに見えるが役に立たない研究

3つ目の失敗例は次の図のように、どの部分問題ともオーバーラップしない研究です。例えば「3歳児でも図解できるようになるための、集中トレーニングプログラムを作成するための研究」です。このような研究について、金出教授は無意味な研究であると、きっぱり宣言しています。

図 5-60 **どの部分ともオーバーラップしない研究**

ではどのような研究範囲が最適な設定なのでしょうか。金出教授は最適な研究範囲を、次の3つとしています。

1. 広すぎず狭すぎないこと
2. 使うべき仮定や予備条件が少なすぎず多すぎないこと
3. 結果が役に立つこと

金出教授は、これをベン図で次の図のように示しています。

図 5-61 **小さいが焦点の定まった研究図**

具体例としては、「入社半年の社員が、半日の研修でベン図を描けるようになるための図解トレーニング方法の研究」は、非常に役立つ部分問題をちょうどぴったりカバーする「**小さいが焦点の定まった、多分成功する研究**」です。

このようにベン図を用いて範囲を整理することはダイアグラム思考「モード1」のように「自分の理解を促進する」ため、ダイアグラム思考「モード2」のように「相手にメッセージを共有するため」の両方で非常に有効であることがわかります。

5 20 ベン図の描き方

ベン図は、「3つのアクション」で、簡単に描くことができます。

図5-62 ベン図を描くための3つのアクション

①
グループを円で描く
（円の数は3つまで）

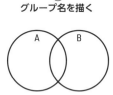
②
グループ名を描く

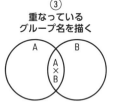
③
重なっている
グループ名を描く

1 グループを円で描く

まずは、図解の対象となる情報からいくつのグループがあるのかを確認し、任意の数の円を描きましょう。プロセス図を描くときと同じく、最終的にいくつのグループが必要となるかわからない場合は、ワンライン化したメッセージと関係しそうなグループをすべて抽出しておきます。

2 グループ名を描く

次に、描き出した円にそれぞれのグループ名を描いていきます。グループ名は円の中心に描いてもいいですし、円の上部に描いても問題ありません。

3 重なっている箇所のグループ名を描く

最後に、円同士が重なっている箇所にもグループ名を描き出していきます。このとき、すべての重なりに名前を描くことができるとは限りません。そのような場合は、図解による新しい気づきを得るチャンスですので、マークしておきましょう。

1
2
3
4
5
6

ベン図のコツ

ベン図を描くときと、振り返るときのコツは次の3つです。

1 きれいな円でなくてもよい

ベン図に使用する円はきれいな真円である必要はありません。次の図のように、手書きのいびつな囲いがあれば十分です。ベン図を描く際に重要なことは、きれいな円を描くことができているかではなく、「範囲を示すことができているかどうか」です。

図 5-63 **ベン図はきれいな円でなくてもよい**

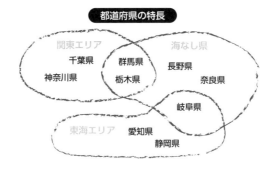

2 グループの数は3つまで

登場するすべての範囲が重なるときは、最大でも3つの円にとどめておくようにしましょう。

なぜならば、次の図のように4つの円が重なっている状態を図解しようとすると、「AかつDだけど、BでもCでもない」という範囲を表現できないからです。

正確には、このようにすべての組み合わせを網羅していない図を、考案者

である18世紀の数学者、レオンハルト・オイラーにちなんで**「オイラー図」**
と呼びます（ちなみに、「オニオン図」も正確にはオイラー図だそうです）。

しかし、真円ではなく、楕円を使えば、次の図のような4つの重なりのす
べてのパターンを網羅した図を描くことが可能です。

図 5-64 **「AかつDだけど、BでもCでもない」は存在しない**

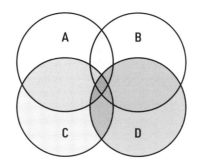

次の図はすべての組み合わせを網羅しているので、正真正銘のベン図だと
呼ぶことができます。

ただし、ダイアグラム思考では4つ以上の円の重なりは推奨しないことから、
形式上、本書ではオイラー図の一部も「ベン図」という言葉でまとめて表現
しています。

複雑すぎる図解は直感的な理解を妨害してしまうことがあります。ベン図
に限らず、すべてのビジュアルカテゴリにおいて、情報を「クリスタライズ」
して、シンプルに描いていくことが求められます。

図 5-65 **4つの重なりの図**

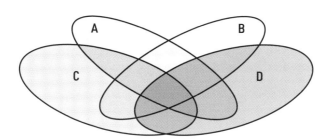

ベン図は、元々の用途であった論理計算にも利用できます。

例えば、以下の問題をベン図を使って解くことができます。

　アプリAとアプリBの利用調査アンケートを集計したところ、以下の結果でした。

- ● アンケート回答者は500人
- ● 質問：Aアプリを利用していますか？·······································50人
- ● 質問：Bアプリを利用していますか？·······································65人
- ● 質問：どちらのアプリも利用していませんか？······················412人

　しかし、「AアプリもBアプリも使っていますか？」という質問を忘れてしまいました。

　さて、AアプリもBアプリも使っている人は何人でしょうか？

　なんだか、中学生ぶりのような問題ですが、このミスはベン図で挽回できます。早速、ベン図を描いてみてわかる情報を埋めていきましょう。

　最初に次の図のようなベン図が描けるはずです。

図5-66 ベン図は論理計算に利用できる

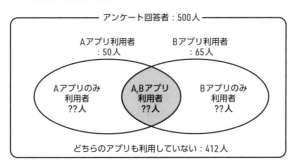

　まずは、ベン図の2つの円の領域を確認しましょう。この部分は全体から

円ではない部分を引き算すればわかります。つまり、500－412＝88人ですね。

　そして「Aアプリも Bアプリも使っている人」は2つの円の領域から「Aしか使っていない」と「Bしか使っていない人」を足し算した人数から、先ほどの88人を引き算すればよいので、50＋65－88＝27人ということがわかりました。

　リーダーにもミスはつきものです。次世代型リーダーはミスをカバーできる力も試されているかもしれません。ダイアグラム思考によって柔軟に考えを張り巡らし、ミスをリカバリーできる応用力をつけましょう。

1

2

3

4

5

6

毎日図解をしていると、より速く、より正確に、図を描きたくなってきます。一番の近道は「ひたすらダイアグラム思考のトレーニングをすること」ですが、モチベーションの維持も大切です。

ここでは、図解テンションを上げてくれるツールを2つ紹介します。

ボールペン：UNI ジェットストリームエッジ3

図を描く人にとって最も重要なツールが「ボールペン」です。以前は消すことができるフリクションボールペンを使っていましたが、ペン先が太く、滲みやすいので変更しました。現在は「UNI ジェットストリームエッジ3」を採用しています。

このボールペンを選んでいる理由は次の3つです。

1. 芯径0.28なので細かい字や線が描き放題
2. 極細なのにインク切れしない
3. 芯径0.28で３色セットはこのペンだけ

ノート：KOKUYO ソフトリング80 方眼罫

最近はiPadやタブレットを使って電子的に記録する方も多いので、私も使ってみましたが、とっさに描けない、とっさに見ることができないのでやめてしまいました。そんな紙派の私が愛用しているのが「KOKUYO ソフトリング80方眼罫」です。

このノートを選んでいる理由は次の3つです。

1. 方眼マスで直線が引きやすい
2. サイズがちょうど１つの会議分くらい
3. 太さ0.28のボールペンでも描き味がしっかり残る

いかがでしたでしょうか。ここで紹介したツールはどれも使いやすく、図解のテンションを上げてくれますので、ぜひ手に取ってみてください。

6 / ダイアグラム思考の トレーニング

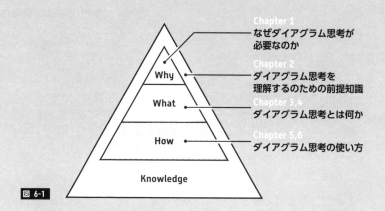

Chapter 1
なぜダイアグラム思考が
必要なのか

Chapter 2
ダイアグラム思考を
理解するための前提知識

Chapter 3,4
ダイアグラム思考とは何か

Chapter 5,6
ダイアグラム思考の使い方

Why

What

How

Knowledge

図 6-1

> なるべく多くの作品を、それが、ものになってもならなくても決して無駄ということになりませんので、貯金だと考えてどんどん描かれることをおすすめいたします。

これは藤子・F・不二雄先生の「1984年第7回藤子不二雄賞」でのコメントです。

図解も慎重に1つずつ描くのではなく、雑でもいいのでたくさんの量を描いてみることが上達への近道です。

図解を習慣化するための道はものすごく険しい道ではありません。

適切なトレーニング方法さえ知っておけば、道に迷うことなく、着実にダイアグラム思考を身につけ、次世代型リーダーとしてスキルアップできるでしょう。

モード1のトレーニング

　繰り返しになりますが、図解は筋トレと同じで、やればやるほど上達するスキルです。

　ダイアグラム思考には「2つのモード」があることは、お伝えしている通りですが、それぞれのモードによって、トレーニング方法が異なります。

　まずはダイアグラム思考「モード1」のトレーニング方法をお伝えします。

　「モード1」の目的は、「自分の理解」のためなので、情報をインプットするシーンであれば、日常生活の至る所で、図解をすることができます。

ヒアリング内容を図解する

　あなたはひとりだけで仕事をしていますか。

　ほとんどの方が「No」と答えるでしょう。仕事は自分以外の誰かと進める以上、必ず相手とコミュニケーションする機会があります。

　例えば、工場で働いている方は、上司から渡される作業指示書を見て行動します。営業の仕事をしている方は顧客のヒアリングが欠かせませんし、カスタマーサクセスやマーケティングをしている方は、ユーザーや市場のリクエストを正確に読み取る必要があります。経理や人事などのバックオフィスをされている方は、他部署からの要求を調べることも必要でしょう。

　このように、一緒に仕事をする相手の「要求を正しく理解する」ことは、基本的なスキルであるとともに、とても奥が深いスキルでもあります。

　相手のメッセージを正確に、速く読み取ることはそれだけで評価される能力です。さらに、相手の要求の一歩先を読むことができるようになれば、次世代型リーダーのM機能を高め、活躍できることは間違いないでしょう。

　あなたがどのような業種なのか、職種であるのかは関係ありません。

　本書を読んで獲得したダイアグラム思考の知識を総動員して、仕事でかかわりのある人の「あらゆる要求」を図解してみましょう。

　私がおすすめしたい「モード1」のトレーニング方法は、**情報を「図解で
まとめる」クセをつける**ことです。

　どうしても準備ができていなかったり、急いでいたりすると、メモを図解
で取れなかったということもあるかと思います。そのようなときは、あとで
時間ができたときにメモを図解でまとめてみましょう。

　次のようなシーンで情報を図解でまとめてみることができます。

- ●顧客との商談を図解でまとめてみる
- ●受講したセミナーを図解でまとめてみる
- ●読んだ本を図解でまとめてみる
- ●視聴した動画を図解でまとめてみる
- ●市場分析を図解でまとめてみる
- ●会議の議事録を図解でまとめてみる
- ●インタビュー内容を図解でまとめてみる

　ほかにも、情報を図解でまとめる機会は、あらゆる場所でたくさん転がっ
ています。どんな些細な情報でもいいので、「図解して理解する」というク
セをつけることが大切です。

とりあえず図解してみる

　池田義博氏は、2013年の記憶力選手権ロンドン大会で「世界記憶力グラ
ンドマスター」に認定された超人です。

　しかし、彼は決して自分自身を超人だとは思っていないとのことです。彼
は、自分の中に生まれる「先延ばし」の心を次のようなアクションで制して
いるのです。

始めてしまうことです。側坐核は、十字を書く、「絵を描く」といった作業によって刺激され、やる気がこみ上げてくるのです。

　図解を習慣化することにハードルを感じている方も多くいると思います。一般的に、図解に限らず何かを継続して実施することは難しいからです。そのような悩みを持っている人は「理由やきっかけはいらないので、まずはペンを握って図を1つだけ描いてみる」ことを、だまされたと思ってやってみてください。

　池田氏がこの方法で世界記憶力グランドマスターになったように、あなたも「とりあえず図解してみる」ことで図解を習慣化させましょう。

6 2 モード1の実践

　実際のニュース記事を用いて図解をしてみましょう。

　ダイアグラム思考「モード1」の図解は「自分の理解のためのインプット」をするときに働かせる思考です。次のニュース記事をインプットするときには、どのように図解をしていくのか解説していきます。

　「産業維新」は、産業集積や優れた立地環境、産業インフラ、ものづくり技術など、本県の強みを最大限に活かし、山口県の活力の源である産業力を大きく伸ばしていくというものです。産業力の強化は地域の活力の源となることから、さまざまな産業施策に取り組んでいます。

　まず、本県の基幹産業の産業力強化に向けた取組です。国際競争や産業の構造的変革を勝ち抜いていくため、港湾の機能強化や幹線道路網の整備、工業用水の安定供給体制の強化など、必要な基盤整備の強化や、企業誘致を推進しています。

　次に、次の時代を切り拓く成長産業の発展に向けた取組です。高付加価値な成長産業を創出するため、産学公金連携や大企業・中小企業連携、医療・環境エネルギー関連企業の集積などを基に、本県の強みであるものづくり技術を活用しながら、新たな成長産業やビジネスの創出に取り組んでいます。

　さらに、中堅・中小企業の成長に向けた取組です。県内の企業数・従業員数の大半を占めるため、成長し雇用を生む力を発揮できるよう、新たな事業展開や経営革新への取組、ものづくり技術の革新、創業や事業承継などに対する支援に取り組んでいます。

コンポーネント選択

　Chapter 4の「ダイアグラム思考のプロセス」を思い出してください。ダ

イアグラム思考には3つのSTEPがありました。まずは、STEP1の「モード選択」から始めます。

ここでは、「モード1」の実践をしたいので、選択するダイアグラム思考のモードはもちろん、「モード1」です。

モードを選択したら、メッセージの「ワンライン化」に着手します。図解に慣れている人はスキップしてもよいですが、初心者の人は一緒にトライしてみましょう。

この記事から、私は何を理解したいのか、何について知りたくてこの記事を読んでいるのかを、改めて自分に問うことをしてみます。

このプロセスには人の数だけ答えがあり、どれか1つだけの正解があるわけではありません。特に「モード1」の場合は、自分のための図解ですので、答え探しをする必要は全くありません。

ワンライン化するときに悩んでしまう場合は、次のSTEP2の、「7つのビジュアルカテゴリ」を参考にしてみましょう。メッセージの中に、**比較、推移、階層、分類、構成、相関、範囲**のいずれかの単語を含ませると、ワンライン化しやすくなります。

今回の例題では、次のようなワンライン化したメッセージが作れます。

「山口県の産業維新は3つの施策の範囲が重なって成り立っている」

ほかにも、数パターンのワンライン化されたメッセージは考えられますが、今回は上記のメッセージを図解してみます。

STEP2：カテゴライズ

モード選択ができ、メッセージのワンライン化もできたので、「STEP2：カテゴライズ」に進みます。

先ほど作成したメッセージから、「7つのビジュアルカテゴリ」のどのカテゴリに最も近いのかを選択します。次にChapter 5で紹介した7つのビジュアルカテゴリを再掲します。このビジュアルカテゴリ一覧には、カテゴリごとのよくある事例も掲載していますので参考にしてください。

図 6-2 7つのビジュアルカテゴリ

カテゴリ	比較	推移	階層
よくある事例	競合比較 優先順位整理 ポジショニング	業務フロー プロセス ステップ	ヒエラルキー プロトコル 組織
名称	2軸図	プロセス図	ピラミッド図
フレーム			

分類	構成	相関	範囲
組み合わせ ケースの想定 パターン分け	論理・ロジック 施策体系図 原因分析	ビジネスモデル 利害関係図 ヒト・モノ・カネ・ 情報の動き	統計・分析 条件分け 重なり
マトリクス図	ツリー図	モデル図	ベン図

　今回のメッセージの場合は、「範囲」という単語が含まれているので、「範囲＝ベン図」を選択しましょう。

　カテゴライズのコツは悩まないことです。自分が直感的に選んだカテゴリを信じてSTEP3に進みましょう。STEP2は時間をかけるフェーズではありません。どれだけ考え込んでも、STEP3に進んでみたら描けなかったということも、しばしばあります。

　図解が素晴らしい点は何度でも戻れることです。一度進んだら戻れない「初代スーパーマリオブラザース」とは異なりますので、違和感があったり、難しいと思ったら何回でも描き直して、STEP1にも戻りましょう。

STEP3：ビジュアライズ

　では、選択したカテゴリに従って、「STEP3：ビジュアライズ」をしてい

きましょう。

選択したビジュアルカテゴリはベン図ですので、もう一度ベン図を描くための3つのアクションを確認しましょう。ここでは、Chapter 5で紹介した「ベン図を描くための3つのアクション」を再掲します。

この図を見ながらベン図を描いていきます。

図 6-3 **ベン図を描くための3つのアクション**

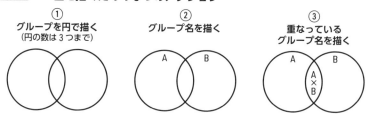

ベン図を描くための1つ目のアクションは、「グループを円で描く」です。

今回の記事では、山口県の産業維新には、3つの施策があることがわかりますので、次の図のように、3つの円を描きましょう。

3つの円の重なり方がわからなくても大丈夫です。まずは基本形となるこの形を描いておけば、あとで必要ない部分を消したり、必要な部分を追加したりすることができます。

図 6-4 **ベン図のアクション1**
①グループを円で描く

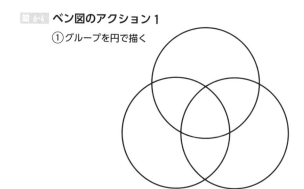

次のアクションは、「グループ名を描く」です。

先ほど描いた3つの円に、それぞれのグループ名、ここでは施策の名前を描いていきます。

このタイミングでグループが想定よりも多い場合や少ない場合が訪れるこ

とがあります。そのような場合も慌てずに、円の重なり方をズラしたり、円を追加したりするなどして対応しましょう。

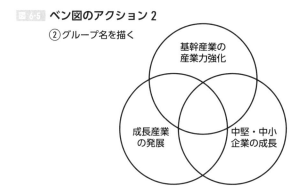

図 6-5 ベン図のアクション2

②グループ名を描く

基幹産業の
産業力強化

成長産業
の発展

中堅・中小
企業の成長

最後のアクションは「重なっているグループ名を描く」です。
3つの円が重なっている中心にグループ名を描きます。
今回はずばり、「山口県の産業維新」と名前をつけます。

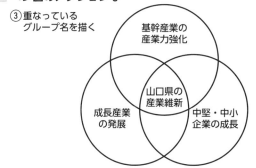

図 6-6 ベン図のアクション3

③重なっている
グループ名を描く

基幹産業の
産業力強化

山口県の
産業維新

成長産業
の発展

中堅・中小
企業の成長

そして忘れずにおきたいのは、「図解のタイトル」をつける作業です。図解タイトルは客観的かつ、シンプルにつけるので、「山口県の産業維新」というタイトルにしておきます。

これでベン図が完成しました。思ったよりも簡単に描けたのではないでしょうか。

　図解が完成したら満足せずに、振り返りをします。特に、ダイアグラム思考「モード1」では、この振り返りが最も価値のあるアクションと言っても過言ではありません。

　完成したベン図を見ながら、振り返りをしていきましょう。振り返りは、自分が作成した図に直接描き込みながら進めることが効果的です。

　例えば、次の図のように、3つの施策は具体的にどのような内容なのかを深掘りできます。図の中にわかる範囲の具体策を描き込んでみましょう。

図 6-7 図を振り返る

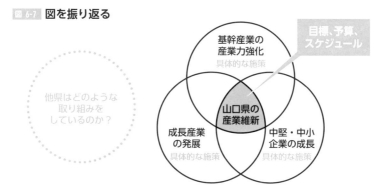

　また、中心に据えている「山口県の産業維新」についても、目標、予算、スケジュールなどの要素をさらに分解して構造化することで、もう1つ別の図解を描くこともできそうです。

　さらに、せっかく描いた図解のメリットを享受していきましょう。図解したことにより、モノゴトを全体俯瞰して、視座を高めることができます。今回の図解は山口県の話題がテーマでしたが、他県ではどのような産業改革の取り組みを行っているのでしょうか。考えてみると新しい発見がありそうです。

　このように、ダイアグラム思考「モード1」は、図解するプロセスと、完成した図の両面からインプットに対する自分の理解を深められます。

　今回の例題では、STEP1の途中で、ワンライン化したメッセージを「山口県の産業維新は3つの施策の範囲が重なって成り立っている」としました。

　しかし、もしメッセージを「山口県の産業維新は3つの取り組みに分類される」としていたらどうでしょうか。STEP2で選択するビジュアルカテゴリは「分類＝マトリクス図」になりますし、STEP3で完成する図解は次の図のようになっていたでしょう。

図 6-8　山口県の産業維新は 3 つの取り組みに分類される

産業維新の取り組み	目的	施策
基幹産業の産業力強化	国際競争や産業の構造的変革を勝ち抜いていくため	• 港湾の機能強化 • 幹線道路網の整備 • 工業用水の安定供給体制の強化 • 企業誘致
成長産業の発展	高付加価値な成長産業を創出するため	• 産学公金連携や大企業・中小企業連携 • 医療・環境エネルギー関連企業の集積 • ものづくり技術の活用 • 新たな成長産業やビジネスの創出
中堅・中小企業の成長	雇用を生む力を発揮するため	• 新たな事業展開や経営革新への取組 • ものづくり技術の革新、創業や事業承継

　図解の可能性は「無限」にあります。

　その途方もない選択肢の中から「自分が何を理解したいのか」、「自分が興味のあるポイントはどこか」を判断することが大切です。

1

2

3

4

5

6

モード2のトレーニング

ここからはモードを切り替えていきましょう。

ダイアグラム思考「モード2」は「他者に共有するため」の図解です。「モード2」も日常生活になじむような方法でトレーニングできます。

プレゼン資料を図解する

仕事で誰かにメッセージを伝えるシーンと言えば、プレゼンテーションを想像される方が多いと思います。事実、プレゼン資料は「図解の宝庫」です。

まずは、自分がこれまで作成したプレゼン資料を、次の「4つのチェックポイント」を参考にしながら見直してみましょう。

- 文字だけのスライドになっている
- 箇条書きがある
- 1メッセージになっていない
- どこかで拾ってきた図をそのままコピペしている

あなたのプレゼン資料に、4つのチェックポイントのうち、1つでもチェックされてしまうスライドがありましたか。

もしあったなら、元のスライドは削除せずに、もう1枚スライドをコピーします。

そして、コピーしたスライドをダイアグラム思考「モード2」を使って図解してみましょう。そうすれば、万が一図解がうまくいかなかった場合でも、コピー元はそのままですので、安心です。

はじめのうちは、スライド1枚だけでも図解するのは大変なはずです。

しかし、1枚だけでも図解することができたら、削除せずにとっておいた元のスライドと、図解したスライドを見比べてみましょう。おそらく、情報のわかりやすさや正確さが驚くほど見違えているはずです。

余裕があれば、図解したスライドを誰かに見てもらいましょう。そこでもらったコメントを参考にして、より精度の高い図解をもう一度作り直してみます。

　これらを繰り返すことで、「モード2」の図解マスターに近づくことができます。

会議の様子を図解する

　ある程度、ゆっくりじっくり図解することに慣れてきたら、会議の様子をリアルタイムで図解してみましょう。

　まだ自信がないという方は、**自分のノートにひっそりと議論を図解するだけでもOKです**。また、あなたがファシリテーターかどうかは関係ありません。むしろ、「書記をやります！」と率先して、図解の役割を作ってしまいましょう。

　会議の様子をすべて、一言一句図解する必要はありません。

　議事録と同じように、決定事項や、議論が集中した箇所だけ図解します。紙よりも、ホワイトボードへの図解のほうが望ましいです。会議はそのときの雰囲気や発言によって、方向がガラリと変わることがよくあります。ホワイトボードはすぐに消して、描き直せることが強みです。

　最初のうちは、リアルタイムで図解すると、「どうしても図解できない発言や内容」が出てきてしまいます。

　このような発言や内容は「メモ欄」をホワイトボードに作っておいて、ストックしておきましょう。あとで必要になれば、隅のほうに書いておいた「メモ欄」から引き出して図解に合流させることができますし、最後まで必要がない場合でも、このような発言があったという議事を残せます。

　会議は図解テーマの宝庫です。あなたが率先して会議の様子を図解することで、これまで発言しなかった人が発言するようになったり、かみ合っていなかった意見がまとまり始めたりするでしょう。論点を視覚的に整理することで、あなただけでなく、会議に参加している人全員が「多視点から構造化して可視化」の恩恵を受けることができるのです。

　顧客との商談や、上司との相談、部下との1 on 1など、あらかじめ議題がある程度決まっている段階から始める話し合いの機会は、意外と多いものです。

　そんな機会があれば、話し合いが始まる前に、議題を「あらかじめ図解して」用意してみましょう。A4用紙1枚の手書き図解でもいいので、図を描いておくことで、当日の話し合いが驚くほどスムーズに進みます。

　このときに用意する図は不完全な状態で問題ありません。むしろ、不完全な図解が、あなたにとっての相談ポイントであり、相手にとって聴きたい内容であるからです。

　また、用意した図がそのまま相談のメモ用紙になります。後で見直したときに、文章のみのメモに比べて、図解メモのほうが相談中の経緯が手に取るようにわかります。さらに、自分の意見を図に書き込んでおくことで、客観的に振り返ることができるようになります。

　次世代型リーダーの場合は、自分が上司に相談を仰ぐ場合はもちろん、部下や後輩から相談されるときに、あらかじめ図を1枚描いてくるようにお願いをしておきましょう。きっと、会話だけの相談よりも有意義な時間を過ごすことができるはずです。

モード2の実践

99.5%。この数字は「課長がプレイヤーとマネージャーを兼任している」割合です。どちらかに専念できるリーダーは日本にはほとんどいないのが現状です。

ダイアグラム思考「モード2」の図解は、アウトプットにおける「相手に共有するため」に働かせる思考です。図解はマネージメントだけでなく、プレイヤーとしても活躍するためにも有効なツールです。

今回は、次のような自己紹介シーンを想定して、どのように図解をしていくのか解説していきます。

あなたの名前は図解太郎さんです。

あなたは転職をして、新しい会社に中途入社しました。

仕事も一巡したころ、改めて人事の方から、全社集会で自己紹介をしてもらうよう依頼されたので、これまでのキャリアをまとめて、原稿を作ってみました。

しかし、なんだか文字が多くて、自分のメッセージがまとまりません。1枚だけならパワポのスライドを使っていいとのことなので、図解スライドを使って自己紹介してみようと思います。

そして、次のような文字だらけの原稿を、どのように図解していくのかにトライしてみましょう。

図解太郎と申します。私の自己紹介をします。

大学卒業後は外資系企業で戦略コンサルタントに従事していました。コンサルタントの仕事はとても激務でしたが、優秀な先輩方から仕事の基本を学べました。特にマーケティング領域でのコンサルを主業務としており、がむしゃらに働いていた記憶が今でもよみがえります。

その後コンサルタントでお世話になったお客様から紹介を受けて家電メ

ーカーのマーケティング部門へ転職しました。元々マーケティングに興味があったのと、ものづくりに携わりたいという気持ちから転職を決意しました。製造業のことはわからないことだらけだったのですが、コンサル時代に身につけていた戦略マーケティングの知見はこの会社で十分に発揮できました。ワークライフバランスも充実しており、自分のペースで働くことができました。

そして、入社したばかりのこの会社では会話ロボットを開発しているスタートアップ企業としてマーケティング担当となりました。これまでB to Bマーケティングばかりだったのですが、かねてから興味のあったB to Cマーケティングができることにやりがいを感じています。多忙さで言うとちょうど1社目と2社目の間くらいですが満足しています。

3つの会社はどれもビジネスの内容は異なりますが、マーケティングという共通点があります。1社目で基礎を学び、2社目で一人前になり、3社目では後輩の育成にもチャレンジしています。今後もより多くの人に自社や製品を知ってもらうという活動に注力したいと思っています。

STEP1：モード選択

ダイアグラム思考の基本中の基本である、モード選択から始めていきます。

今回は、ほかの人に自分のことを伝えたい「1 to N」のパターンです。よって、ダイアグラム思考「モード2」を選択します。

早速、メッセージの「ワンライン化」から始めていきます。今回の自己紹介原稿は情報量が多く、全体を図解しようとすると混乱してしまいます。まずは、冷静になって、特に伝えたいメッセージは何かを追求します。

例えば、この原稿から以下のようなメッセージが抽出できます。

- Ⓐ 私のキャリアは3つの会社を経ている
- Ⓑ 私は3つの会社による経験でマーケティングスキルを身につけた
- Ⓒ 私は学び、忙しさ、業態が分類される3つの会社でマーケティングを経験した
- Ⓓ 私は忙しさと業態が異なる3つの会社でマーケティングを経験した

Ⓔ 私のマーケティングスキルは3社での経験の賜物だ

Ⓕ 私のマーケティングスキルは3社での経験により成長している

どのメッセージに絞り込みたいのかは、「あなたの意思」によって異なります。

異なる3つの会社を経験しているという知見の多さをアピールしたいなら、Ⓐのメッセージを抽出します。

マーケティングスキルの豊富さをアピールしたいのであれば、Ⓑのメッセージを抽出するとよいです。

このように、「モード2」の図解は自分の気持ちに従って素直にメッセージをワンライン化してみることがコツです。

問題となるのは、メッセージを選んだあとの**「クリスタライズ」**です。

例題の原稿は情報量が多いので、ワンライン化したメッセージ以外の情報を削り取ると、格段に図解がしやすくなります。今回は、例として上記メッセージのⒸとⒹをクリスタライズしてみましょう。

次の図はⒸのメッセージに従って「クリスタライズ」した原稿です。こうしてみると、メッセージに関係のない情報がほとんどを占めていることがわかります。

図 6-9 Ⓒ 私は学び、忙しさ、業態が分類される 3 つの会社でマーケティングを経験した

図解太郎と申します。私の自己紹介をします。

大学卒業後は**外資系企業**で戦略コンサルタントに従事していました。コンサルタントの仕事はとても**激務**でしたが、優秀な先輩方から仕事の**基本**を学ぶことができました。特に**マーケティング領域**でのコンサルを主業務としており、がむしゃらに働いていた記憶が今でもよみがえります。その後コンサルタントでお世話になったお客様から紹介を受けて**家電メーカー**のマーケティング部門へ転職しました。元々マーケティングに興味があったのと、ものづくりに携わりたいという気持ちから転職を決意しました。製造業のことはわからないことだらけだったのですが、コンサル時代に身につけていた戦略マーケティングの知見はこの会社で十分に発揮することができました。ワークライフバランスも充実しており、**自分のペース**で働くことができました。現在は会話ロボットを開発している**スタートアップ**企業でマーケティング担当をしています。これまでB to Bマーケティングばかりだったのですが、かねてから興味のあったB to Cマーケティングができることにやりがいを感じています。**多忙さでいうとちょうど1社目と2社目の間くらい**ですが満足しています。3つの会社はどれもビジネスの内容は異なりますが、マーケティングという共通点があります。**1社目で基礎を学び、2社目で一人前になり、3社目では後輩の育成にも取り組んでいます。**今後もより多くの人に自社や製品を知ってもらうという活動に注力したいと思っています。

次の図はⒹのメッセージに従って「クリスタライズ」した原稿です。先ほ

どの©のメッセージのときよりも、さらに情報を削り取れています。これくらい思い切って情報をシンプルにしていきます。

図 6-10 Ⓓ 私は忙しさと業態が異なる3つの会社で
マーケティングを経験した

図解太郎と申します。私の自己紹介をします。

大学卒業後は**外資系企業**で戦略コンサルタントに従事していました。コンサルタントの仕事はとても**激務**でしたが、優秀な先輩方から仕事の基本を学ぶことができました。特にマーケティング領域でのコンサルを主業務としており、がむしゃらに働いていた記憶が今でもよみがえります。その後コンサルタントでお世話になったお客様から紹介を受けて**家電メーカーのマーケティング**部門へ転職しました。元々マーケティングに興味があったのと、ものづくりに携わりたいという気持ちから転職を決意しました。製造業のことはわからないことだらけだったのですが、コンサル時代に身につけていた戦略マーケティングの知見はこの会社で十分に発揮することができました。ワークライフバランスも充実しており、**自分のペース**で働くことができました。
現在は**会話ロボットを開発しているスタートアップ企業**でマーケティング担当をしています。これまでBtoBマーケティングばかりだったのですが、かねてから興味のあったBtoCマーケティングができることにやりがいを感じています。**多忙さでいうとちょうど1社目と2社目の間くらい**ですが満足しています。
3つの会社はどれもビジネスの内容は異なりますが、マーケティングという共通点があります。1社目で基礎を学び、2社目で一人前になり、3社目では後輩の育成にも取り組んでいます。今後もより多くの人に自社や製品を知ってもらうという活動に注力したいと思っています。

図解のコツは欲張らないことです。すべての情報を1つの図解に収めることはできません。必ずメッセージを絞り込んでから「クリスタライズ」する習慣をつけましょう。

STEP2:カテゴライズ

「モード1」と同じく、「モード2」も、ビジュアルカテゴリ一覧を見ながらサクッとカテゴライズしていきます。
STEP1のⒶ〜Ⓕのメッセージはそれぞれ以下のようにカテゴライズできます。

Ⓐ 推移：私のキャリアは3つの会社を経ている
Ⓑ 構成：私は3つの会社による経験でマーケティングスキルを身につけた
Ⓒ 分類：私は学び、忙しさ、業態が分類される3つの会社でマーケティングを経験した
Ⓓ 比較：私は忙しさと業態が異なる3つの会社でマーケティングを経験した

Ⓔ 範囲：私のマーケティングスキルは3社での経験の賜物だ

Ⓕ 階層：私のマーケティングスキルは3社での経験により成長している

ここで注意したいのは、メッセージ抽出だけでなく、カテゴライズに関しても明確な正解はないということです。例えば、Ⓔのメッセージは、「範囲」でも「構成」でも、どちらのカテゴリにも当てはめることができそうです。

選択したカテゴリによって、最終的な図解の形は大きく変わりますが、「形態は機能に従う」というルイス・サリヴァンの言葉を思い出しながら、自分のメッセージが最も相手にとってわかりやすく、正確に、素早く伝わる図解に出会うまで、何度でも描き直してみましょう。

STEP3：ビジュアライズ

ダイアグラム思考「モード2」も、「モード1」と同じように「STEP3：ビジュアライズ」の3つのアクションに沿って図解していきます。

今回は例として、Ⓕの「階層：私のマーケティングスキルは3社での経験により成長している」をビジュアライズしてみましょう。「階層＝ピラミッド図」を描くための3つのアクションを、Chapter 5から再掲した次の図を参照しながら確認します。

図 6-11 ピラミッド図を描くための3つのアクション

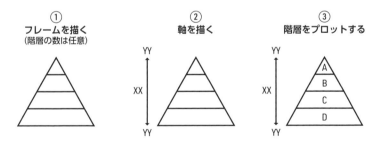

ピラミッド図を描くための1つ目のアクションは、「フレームを描く」です。

自己紹介原稿を読み返してみると、図解太郎さんはマーケティングスキルを「3階層」に分類していそうなことがわかります。まずは、3つの階層があるピラミッドを描きましょう。

ここでも、必ず3つの階層があるという正解を出す必要はありません。

この時点で4つの階層があると思ったら、実は3つしかなかったということもよくあります。図解は戻ることを前提でラフに描いてみるマインドが重要です。

図6-12 ピラミッド図のアクション1

①フレームを描く

2つ目のアクションは、「軸を描く」です。ピラミッドの隣に、階層が上がるほどどうなるのか、下がるほどどうなるのかを示す縦軸を描きましょう。今回は次の図のように「マーケティングスキル」の成長を図示したいので、記載します。このアクションは忘れやすいので要注意です。

図6-13 ピラミッド図のアクション2

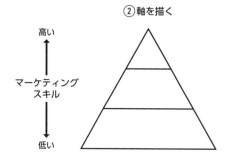

②軸を描く

すでにピラミッド図の輪郭は見えてきましたね。それでは最後のアクション「階層をプロットする」で、仕上げていきます。次の図のように各層のステータスをプロットします。余裕があれば、各ステータスを補足説明するような情報も追加しておきましょう。

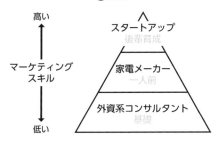

図6-14 ピラミッド図のアクション3

③階層をプロットする

高い

マーケティング
スキル

低い

スタートアップ
後輩育成

家電メーカー
一人前

外資系コンサルタント
基礎

　そして、図解タイトルを忘れにつけておきます。今回はシンプルに「私の
マーケティングキャリア」とつけておきましょう。

　これでピラミッド図の完成です。

　「モード1」も、「モード2」も、図解プロセスは同じです。しかし、図解
を描いている途中での「気づき」の種類は少し違ったはずです。

図解の振り返り

　「モード1」のときよりは、優先順位が下がりますが、「モード2」の場合
でも完成した図解を見ながら振り返りをしてみましょう。

　せっかく完成したピラミッド図は発表用に取っておきます。もし、パワー
ポイントなどで図解していたならば、この図をコピーして「振り返り用の図」
を用意します。こうすることで、気兼ねなく図にメモを描き加えることがで
きます。

　例えば、次の図のように、振り返りをすることで、「今よりマーケティン
グスキルが成長したらどうなるのか」という、未来について考えることがで
きます。ほかには、ピラミッド図の下部に注目することで「自分がマーケティ
ングに興味を持ったきっかけ」を振り返るきっかけにもなります。

1

2

3

4

5

6

図6-15 図を振り返る

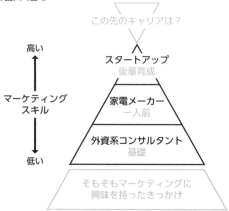

ダイアグラム思考「モード2」の図解であっても、振り返りによって、より強く伝えたいメッセージが生まれたりすることがあります。**振り返りは図解の醍醐味なのです。**

ほかのメッセージの図解例

STEP1で④～⑤の6つのメッセージを挙げてみましたが、⑥以外の5つのメッセージを図解すると、どのような図が完成するのか見てみましょう。下の図がそれぞれの完成図になります。

図6-16 ④ 推移：私のキャリアは3つの会社を経ている

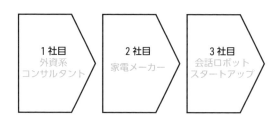

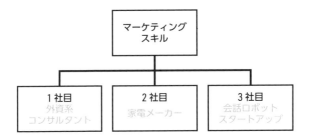

図6-17 Ⓑ **構成：私は3つの会社による経験で**
マーケティングスキルを身につけた

図6-18 Ⓒ **分類：私は学び、忙しさ、業態が分類される3つの会社で**
マーケティングを経験した

	学び	忙しさ	業態
外資系 コンサルタント	1社目：基礎	多忙	B to B
家電メーカー	2社目：一人前	余裕がある	B to B
会話ロボット スタートアップ	3社目：後輩育成	ほどほど	B to C

図6-19 Ⓓ **比較：私は忙しさと業態が異なる3つの会社で**
マーケティングを経験した

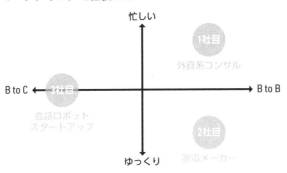

1

2

3

4

5

6

図 6-20 Ⓔ **範囲：私のマーケティングスキルは３社での経験の賜物だ**

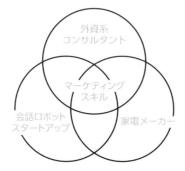

　このように同じ情報源でも、あなたが伝えたいメッセージによって図解の形は異なります。基本形だけでもこれだけ形は違っていきますので、各ビジュアルカテゴリの派生形は、より大きく差が出てくるでしょう。差が出れば、出た分だけ修正の難易度も高まります。

　そのためにも、まずは図解の基本形となる「7つのビジュアルカテゴリ」に沿った図解法をマスターしましょう。

Chapter 6 Section 5

次世代型リーダーと図解

ここまで本書を読んでくださったあなたは、次世代型リーダーになるための準備が十分にできていることでしょう。

最後に、特に重要な「図」で本書のまとめをしておきます。

リーダーのタイプ比較

「pMタイプ」のリーダーは「他力本願型」のリーダーです。仕事が「仲良しごっこ」になりがちであり、目標を達成するためのプランニングや、プロジェクトマネジメントなどの業務が苦手です。

「Pmタイプ」のリーダーは「自己犠牲型」のリーダーです。長期的なチームビルディングが苦手です。口うるさく指導するために、メンバーのモチベーションは低いことが多いです。最終的に自分だけで抱え込んでしまうタイプです。

「PMタイプ」のリーダーが「次世代型リーダー」です。高い目標達成能力と集団維持能力を備えている、理想的なリーダーです。ダイアグラム思考を身につけ、次世代型リーダーを目指しましょう。

図 6-21 リーダーのタイプ比較

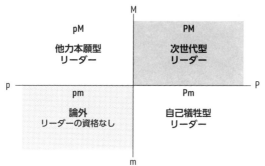

　次世代型リーダーには「多視点から構造化して可視化する」スキルが求められます。これらのスキルは三位一体の相互関係で成り立っているので、1つでも欠けることなく、バランスよく身につけなければなりません。ダイアグラム思考を習得することで、自然と3つのスキルを得ることができます。

図 6-22 **3つのスキルの関係**

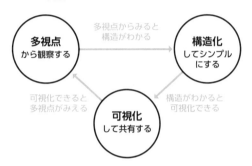

図の範囲

　「ピクチャー（Picture）」、「ダイアグラム（Diagram）」、「グラフ（Graph）」の3種類の概念を構造化すると次の図となります。「ピクチャー」と「ダイアグラム」は、一部重複する性質を持つ図が存在しますが、基本的には別々の図を指します。本書で取り扱う図は、ダイアグラムをメインとしています。

図 6-23 **図の範囲**

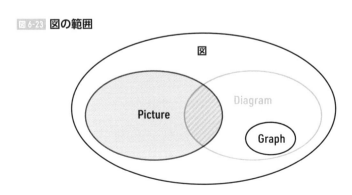

ダイアグラム思考は目的に応じて、「2つのモード」を使い分けます。

図6-24 **ダイアグラム思考のモード**

「モード1」は、情報を図解することで、自分の頭へ「インプット」するための思考法です。「モード2」は、頭の中にある情報を図解によって、「アウトプット」するための思考法です。

図6-25 **モード1とモード2の特徴**

Mode 1	Mode 2

自分の理解 インプット プロセス重視 気づき・抜け漏れ・アイデアの発見	他者への共有 アウトプット 成果物重視 わかりやすく・正確に・素早く伝える

ダイアグラム思考は3つの STEP であらゆるモノゴトを図解することができます。

図 6-26 ダイアグラム思考 3 つの STEP

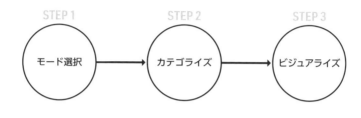

/ 7つのビジュアルカテゴリ

STEP 2 のカテゴライズでは、あなたが図解したいモノゴトが、次に示す「7
つのビジュアルカテゴリ」のうち、どれに該当するのかを決めていきます。
図解の対象となる情報からメッセージをワンラインで抽出することで、カテ
ゴリを選びやすくなります。

図 6-27 7 つのビジュアルカテゴリ

カテゴリ	比較	推移	階層
よくある事例	競合比較 優先順位整理 ポジショニング	業務フロー プロセス ステップ	ヒエラルキー プロトコル 組織
名称	2 軸図	プロセス図	ピラミッド図
フレーム			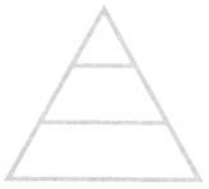

分類	構成	相関	範囲
組み合わせ ケースの想定 パターン分け	論理・ロジック 施策体系図 原因分析	ビジネスモデル 利害関係図 ヒト・モノ・カネ・ 情報の動き	統計・分析 条件分け 重なり
マトリクス図 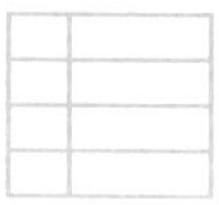	ツリー図 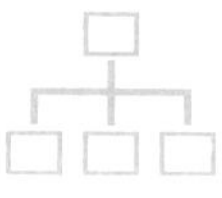	モデル図 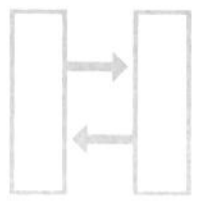	ベン図 

「7つのビジュアルカテゴリ」は、次の図のように3つのアクションをすることで図を完成させることができる設計になっています。たったの「3つのアクション」さえあれば、あらゆるモノゴトから抽出して、ワンライン化したメッセージを7つのビジュアルカテゴリによって図解することが可能です。

図 6-28 ビジュアルカテゴリごとの3つのアクション

カテゴリ	名称	フレーム	3つのアクション
比較	2軸図	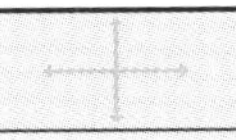	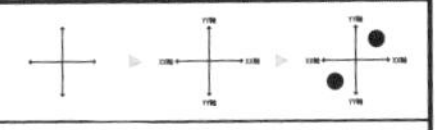
推移	プロセス図	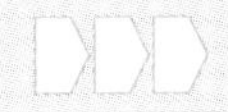	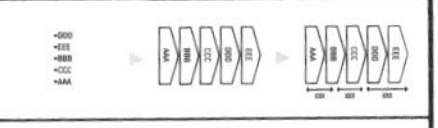
階層	ピラミッド図	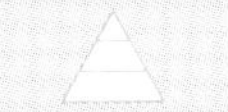	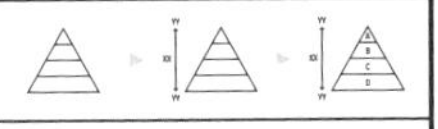
分類	マトリクス図	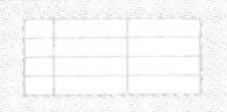	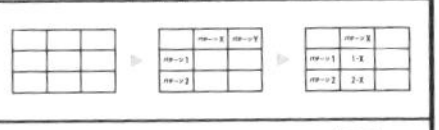
構成	ツリー図		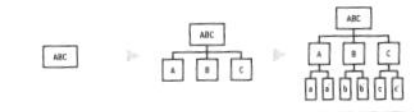
相関	モデル図	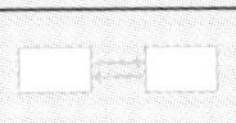	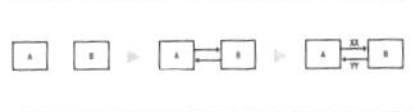
範囲	ベン図	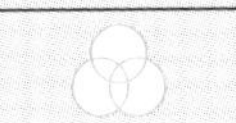	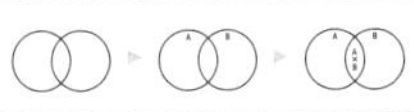

おわりに

次世代型リーダーになって、「高尚な生涯」を遺してほしい。
私から、この本を手に取っていただいたあなたへのメッセージです。
私は、これまで次の図のような人生を歩んできました。

図 7-1 著者の経歴

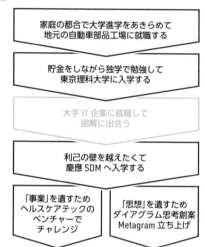

家庭の都合で大学進学をあきらめて
地元の自動車部品工場に就職する

貯金をしながら独学で勉強して
東京理科大学に入学する

大手 IT 企業に就職して
図解に出会う

利己の壁を越えたくて
慶應 SDM へ入学する

「事業」を遺すため
ヘルスケアテックの
ベンチャーで
チャレンジ

「思想」を遺すため
ダイアグラム思考創案
Metagram 立ち上げ

　本当は、大学に進学したいと考えていたのですが、家庭の事情の空気を読んで、18歳のときに地元の自動車部品工場に就職しました。

　しかし、そこに私の居場所はなく、いつしか「ここは自分のいる環境じゃないんだな」と考えるようになりました。

　そこから大学に行きたい気持ちが再燃しました。当時、大学に行けない理由はお金の問題だったので、自分で働いてお金を貯めたら大学に行けるとポジティブに考え、大学受験を決めました。

　そして、貯金と独学での猛勉強を重ねて、東京理科大学の工学部第二部へ入学できました。第二部は「夜間」のことです。そこからは、自分で払う学費を1円も無駄にしないために、昼夜を通して勉強し続け、就職活動もする

ことで、国内最大手のIT企業へ就職することができました。

このような経歴のため、常にハングリー精神でてっぺんの見えない山を登り続けました。

東京の大企業で社員証を首からぶら下げて、オフィス街のランチに繰り出せるようになりたい。そんな「欲」のためにがむしゃらになって勉強し、働きました。

しかし、そのハングリー精神のせいで長らく苦労することになります。

それは「利己の壁」を乗り越えられないという苦痛です。これまでの努力はすべて自分のためであり、利他的な精神を持ち合わせていなかったのです。いつの間にかギラギラした欲が恥ずかしいと思うようになり、同時に、利己だけでは自分の行動力に限界があることを悟りました。

私が、IT企業の4年目に、慶應義塾大学大学院での学び直しを決意した理由の1つが、「利己の壁」を破ることでした。

そして、大学院修了の最後の日、研究室の恩師である、五百木誠先生から一冊の本を渡されました。

それは、19世紀後半から20世紀前半のキリスト教思想家であり、文学者である内村鑑三が書いた『**後世への最大遺物**』という本でした。この本は、内村鑑三氏が、とある講演で自分が死んだあとに世の中に何を遺すのが一番いいのか、という話をしたときの内容をまとめた本です。

この本を図解したものが次の図です。

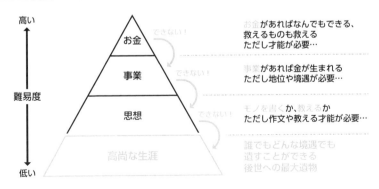

図 7-2 **後世への最大遺物**　参考：内村鑑三 (2016)『後世への最大遺物』を基に筆者作成

その講演の中で、彼が最も世の中に遺すべきものは、「お金」と言うのです。

227

熱心なキリスト教徒の発言としては意外ですが、結局のところお金があれば、教会や孤児院を建てたり、いろいろな社会貢献にお金を使えるから。だから、自分が死んだときに最も遺すべきものは「お金」だと。

　しかし彼は、お金を遺すには才能がいるし、お金を稼ぐというのはよっぽど選ばれた人じゃないとできないと言います。では、次に何を遺すべきなのか。

　それは「事業」だと言います。

　事業があれば、結果としてお金が生まれるからです。しかし、お金と同じように、事業を遺すためには地位や名誉や境遇のようなものが必要だった時代ですので、誰もが事業を遺せるわけではありません。

　そこで彼は、次に遺すべきものは「思想」だと言います。

　つまり、自分で論文を書いたり、何か教科書のようなものを作ればいいとのことです。ただ、それも作文の才能や、教える才能が必要だとも述べています。彼は、思想家には誰だってなれるとも発言していますが、「全員が思想家になったら社会が破綻してしまう」という冗談も交えながら、思想も遺せない人はどうすべきかと問います。

　そして、最後に必ず遺るのが「高尚な生涯」だと結論付けます。

　結局、**勇ましい高尚なる生涯こそが「後世への最大遺物」**だと。

　私は『後世への最大遺物』を読んで図解したことで、これまでの人生が頭の中でテトリスのブロックのようにカチッカチッと音を立てて整理されていくことを感じました。

　「利己の活動であっても、時間をかけていくうちに、自然と利他的な活動になっていくんだ」

　この気づきを得た私は、「事業」を遺すためにスタートアップベンチャーに転職し、「思想」を遺すためにダイアグラム思考を創案しました。

　そして、「図解先進国、日本」を実現するという目標のために奔走しています。この本の読者の皆様には、次世代型リーダーになって「高尚な生涯」を遺してほしいのです。いつしか、あなたの高尚な生涯は、思想となり、事業となり、お金となることで、多くの人たちを助けることになるでしょう。

　まずは自分のために行動して、思考してください。そして、ダイアグラム思考を駆使して、あなただけの「高尚な生涯」を遺してください。

参考文献

Introduction

株式会社ビズヒッツ（2022）『管理職になりたくない理由ランキング』https://bizhits.co.jp/media/archives/31039

ランサーズ株式会社（2019.01.31）『開発部のオカンが考える、能動的なチーム作りの秘訣とは』https://www.wantedly.com/companies/lancers/post_articles/153654#_=_

三隅二不二（1986）『リーダーシップの科学―指導力の科学的診断法』講談社

働く人と、カルチャーと、KDDI『営業、SE を経験。最年少管理職になった私が考えるリーダーシップとは』https://career.kddi.com/andkddi/category/recruitment/22032402.html

Chapter 1

ウォルター・アイザックソン（2011）『スティーブ・ジョブズ II』講談社

AWSHP https://aws.amazon.com/jp/blogs/news/new-lower-cost-amd-powered-ec2-instances/

神武直彦, et al. " 学問分野を超えた「システムデザイン・マネジメント学」の大学院教育の構築 - 大規模・複雑システムの構築と運用をリードする人材の育成を目指して ." Synthesiology 3.2 (2010): 112-126.

Christian Sarkar, Philip Kotler（2018）『Brand Activism: From Purpose to Action (English Edition)』IDEA BITE PRESS

総務省（2022）『情報通信白書令和 4 年版』https://www.soumu.go.jp/johotsusintokei/whitepaper/r04.html

ビジャイ・ゴビンダラジャン, クリス・トリンブル（2012）『リバース・イノベーション──新興国の名もない企業が世界市場を支配するとき』ダイヤモンド社

Wikimedia Commons https://commons.wikimedia.org/wiki/File:Nightingale-mortality.jpg?uselang=ja

岩嵜博論, 佐々木康裕（2021）『パーパス「意義化」する経済とその先』NewsPicks パブリッシング

ユニリーバ・ジャパン HP https://www.unilever.co.jp/files/925e6b8d-ad31-4a60-a5cf-4d5ffb6bee0f/jp-new-unilever-compass-pdf.pdf

宇野常寛（2020）『遅いインターネット』幻冬舎

田子學, 田子裕子, 橋口寛（2014）『デザインマネジメント』日経 BP

Chapter 2

一般社団法人日本図解協会 HP https://www.zukai.or.jp/

濱崎省吾, and 杉下幸司 . " 図解の概念構造抽出と視覚表現への変換 ." 情報処理学会研究報告ヒューマンコンピュータインタラクション (HCI) 1995.21 (1994-HI-059) (1995): 59-66.

Ramachandran, Vilayanur S., and Edward M. Hubbard. "Synaesthesia--a window into perception, thought and language." Journal of consciousness studies 8.12 (2001): 3-34.

Leonhart Fuchs（1542）『De Historia Stirpium Commentarii Insignes』https://repository.ou.edu/uuid/16146ef0-4756-531b-8938-3ec1de2513a0?solr_nav%5Bid%5D=18b80af7a82890f8746c&solr_nav%5Bpage%5D=0&solr_nav%5Boffset%5D=0#page/25/mode/2up

Wikimedia Commons William Playfair（1786）『The Commercial and Political Atlas』https://commons.wikimedia.org/wiki/File:1786_Playfair_-_Exports_and_Imports_of_Scotland_to_and_from_different_parts_for_one_Year_from_Christmas_1780_to_Christmas_1781.jpg

アラン・スミス（2023）『フィナンシャル・タイムズ式 図解の技術――世界最高峰の経済紙はどのようにデータを見せているのか』ダイヤモンド社

TED サニー・ブラウン「落書きする人、集まれ！」（2011）https://www.ted.com/talks/sunni_brown_doodlers_unite/transcript?language=ja

サニー・ブラウン（2015）『描きながら考える力 ~The Doodle Revolution~』クロスメディア・パブリッシング

Gyselinck, Valérie, and Hubert Tardieu. "The role of illustrations in text comprehension: what, when, for whom, and why?." (1999).

ダン・ローム（2009）『描いて売り込め！超ビジュアルシンキング』講談社

Napkin Academy https://napkinacademy.com/

Paivio, Allan. Imagery and verbal processes. Psychology Press, 2013.

Winn, Bill. "Charts, graphs, and diagrams in educational materials." The psychology of illustration 1 (1987): 152-198.

David Hyerle（1996）『Visual Tools for Constructing Knowledge』Assn for Supervision & Curriculum

Chapter 3

編集：ドラえもんルーム（2014）『藤子・F・不二雄の発想術』小学館

Mayer, Richard E. "Multimedia learning: Are we asking the right questions?." Educational psychologist 32.1 (1997): 1-19.

落合陽一（2022）『忘れる読書』PHP 研究所

安宅和人（2010）『イシューからはじめよ――知的生産の「シンプルな本質」』英治出版

前野隆司 , et al.（2014）『システム×デザイン思考で世界を変える 慶應 SDM「イノベーションのつくり方」』日経 BP

苧阪満里子 , and 苧阪直行 . " 読みとワーキングメモリ容量 日本語版リーディングスパンテストによる測定 ." 心理学研究 65.5 (1994): 339-345.

苧阪満里子（2002）『ワーキングメモリ―脳のメモ帳』新曜社

今泉友之 , et al. " 親和図と 2 軸図を用いた構造シフト発想法の主観的評価 ." 日本創造学会論文誌 17 (2014): 92-111.

キャリアハック https://careerhack.en-japan.com/report/detail/949

クリストファー・ノーラン監督 映画『インセプション』（2010）

JT マナーグラフィックギャラリー https://www.jti.co.jp/coexistence/manners/approach/graphic/index.html

Rolstadås, Asbjørn, et al. "Understanding project success through analysis of project management approach." International journal of managing projects in business 7.4 (2014): 638-660.

Wiegers, Karl, and K. Wiegers. "Software requirements: A pragmatic approach." (1999).

Boehm, B. W. "Software engineering economics (Prentice-Hall, Inc., Englewood Cliffs, New Jersey, USA)." (1981).

ジョン・メディナ（2009）『ブレイン・ルール―脳の力を 100%活用する』NHK 出版

Hegarty, Mary, Patricia A. Carpenter, and Marcel Adam Just. "Diagrams in the comprehension of scientific texts." (1991).

Larkin, Jill H., and Herbert A. Simon. "Why a diagram is (sometimes) worth ten thousand words." Cognitive science 11.1 (1987): 65-100.

日本経済新聞「スプラトゥーン 3」プロデューサーに聞くヒットのわけ https://www.nikkei.com/article/DGXZQOUF30BEO0Q3A130C2000000/

Lisberg, Beth Conney. "Visual Language: Global Communication for the 21st Century." Technical Communication 46.4 (1999): 557.

グレッグ・マキューン（2014）『エッセンシャル思考 最少の時間で成果を最大にする』かんき出版

Chapter 4

William Lidwell, Kritina Holden, Jill Butler（2015）『Design Rule Index 要点で学ぶ、デザインの法則 150』ビー・エヌ・エヌ新社

NHK アーカイブス『松本清張』https://www2.nhk.or.jp/archives/articles/?id=D0009250075_00000

Chapter 5

木暮康雄（2020）『リユース革命「使わない」モノは「今すぐ」売りなさい』幻冬舎

株式会社 JEPLAN https://www.jeplan.co.jp/service/bring/

渡辺順子（2018）『世界のビジネスエリートが身につける 教養としてのワイン』ダイヤモンド社

エリック・リース（2012）『リーン・スタートアップ』日経 BP

三冨敬太（2022）『失敗から学ぶ技術 新規事業開発を成功に導くプロトタイピングの教科書』翔泳社

Academic Accelerator『ポルフィリンの木 Porphyrian Tree』https://academic-accelerator.com/encyclopedia/jp/porphyrian-tree

バーバラ・ミント（1993）『考える技術・書く技術―問題解決力を伸ばすピラミッド原則』ダイヤモンド社

近藤哲朗（2018）『ビジネスモデル 2.0 図鑑』KADOKAWA

TED『サイモン・シネック 優れたリーダーはどうやって行動を促すか』https://www.ted.com/talks/simon_sinek_how_great_leaders_inspire_action/transcript?language=ja

藤井保文 , 尾原和啓（2019）『アフターデジタル - オフラインのない時代に生き残る』日経 BP

金出武雄（2003）『素人のように考え、玄人として実行する―問題解決のメタ技術』PHP 研究所

Chapter 6

池田義博（2018）『記憶力日本一を 5 度獲った私の奇跡のメモ術』幻冬舎

東京企業誘致センター（山口県東京事務所）https://www.yamaguchi-kigyo.com/2021.html

学校法人産業能率大学総合研究所（2021）『第 6 回上場企業の課長に関する実態調査』https://www.sanno.ac.jp/admin/research/kachou2021.html

おわりに

内村鑑三（2016）『後世への最大遺物』ゴマブックス

/ 髙野雄一（たかのゆういち）

1989年栃木県生まれ。「日本を図解先進国にする」をVisionに掲げ、Metagramを創立。図解を普及させるためにビジネスとアカデミアの両サイドからのアプローチによって、「ダイアグラム思考」を創案。アカデミアでは、慶應義塾大学大学院SDM研究科研究員として図解への理解を深め、東京理科大学オープンカレッジの講師として、図解の普及活動を続けている。ビジネスでは、元富士通Japanのデジタルコンサルタントとしての知見を活かしながら、図解の社会実装のためのトライ＆エラーを最前線で繰り返している。

装丁・組版・作図	宮嶋章文・鈴木愛未（朝日新聞メディアプロダクション）
編集	関根康浩

ダイアグラム思考
次世代型リーダーは図解でチームを動かす

2024年1月29日　初版第1刷発行
2024年4月 5日　初版第2刷発行

著　　　者	髙野雄一
発　行　人	佐々木幹夫
発　行　所	株式会社翔泳社（https://www.shoeisha.co.jp）
印刷・製本	株式会社ワコー

ISBN 978-4-7981-8132-5　　Printed in Japan